KB102232

위너러브

WINNER LOVE

위너러브

결국, 사랑이다

알파(최지훈) 지음

좋은땅

추천사

알파님이 『위너러브』 추천사를 써 달라고 해서, 처음엔 장난하는 줄 알았다.

아니, 나 같은 사람에게 왜? 이유는 두 가지다.

첫 번째는 나같이 보잘것없는 사람에게 왜 추천사를 부탁할까 하는 점이었다. 나는 책 한 권 낸 적이 없는 무명 작가 지망생인데, 내 추천사를 받아서 무슨 도움이 될까 싶은 마음이었다.

그리고 두 번째는, 나는 7년 전에 자상한 남편을 저세상에 먼저 보냈다. 그러니 남편 없이 상당히 외롭게 사는 사람에게 이런 추천사를 부탁하는 게 말이 되나 싶었다.

그래서 나름 정중하게 거절했지만, 그래도 좋다기에 한번 써 보기로 했다. 정성스럽게 지지하고 응원해 주는 이웃의 부탁을 거절하는 것도 예의가 아니기에.

여기에는 보잘것없는 내가 나름 유명인의 책에 추천사를 써 주면, 그 유명세에 슬며시 올라탈 수도 있지 않을까 하는 지극히 이기적인 이유도 포함되어 있음을 밝힌다.

알파 님의 『위너러브』 원고를 읽으면서 내 우려가 과장이 아님을 느꼈다. 솔직히 추천사 써 주기로 한 것을 많이 후회했다. 그래서 마지막 마감날까지 미뤘다.

나는, 세상에 자상한 남편은 우리 남편밖에 없는 줄 알았다. 그러니 사이좋은 부부로 치면 우리 부부를 따라올 사람이 없을 줄 알았다.

그런데, 알파 님은 한마디로 한 수 위였다. 달달하다 못해 닭살 돋는 멘트가 시시때때로 튀어나왔다.

아니, 어떻게 사랑한다는 말을 달고 살지? 사이좋은 우리 부부도 그 정도는 아니었는데? 그래서 가끔 열 받았다. "아니, 알파 님, 지금 저 놀리시는 겁니꽈?"라고 묻고 싶은 순간이 한두 번이 아니었다.

하지만 인정할 것은 인정하자. 나는 나름 쿨한 사람이니까.

알파 님은 좋은 부부관계의 비결을 알고 실천하고 계신 분이다. 방법은 의외로 간단하다.

존중과 배려, 그리고 대화! 알지만 실천하기 쉽지 않은 이런 덕목을 알파 님은 제대로 실천하고 계셨다.

특히 이 대화는 우리 부부도 실천했던 부분이다. 부부 사이의 문제가 커지는 원인은 그 문제를 덮어 버리기 때문인 경우가 많다. 그런데 문제는 드러내야 해결책을 찾아낸다고 본다. 말로 풀어내야 한다는 것이다.

대화에 대해서는 내 어쭙잖은 설명보다 알파 님 책의 내용으로 대신하자.

> **"대화는 마법이다. 마술같이 테크닉도 있고, 마법같이 신기한 경험을 선물해 주기도 한다. 속마음을 전달하는 것만으로도 충분히 뭉클한 감정을 불러일으킬 수 있다."**

부부관계에 대한 무엇보다 중요한 한마디를 꼽자면,

> **"내 아내(남편), 내 여자친구(남자친구)는 세상에 단 한 사람뿐이지 않은가? 상위 1%로 대해도 부족하다."**

그런 점에서 좋은 관계를 원하는 부부, 또는 결혼을 망설이는 분이 이 책을 읽는다면 뭔가 실마리가 풀리지 않을까?

걱정되는 점은 너무 관계가 좋은 '닭살 커플'이다 보니, 책을 읽는 내내 내 몸에 닭살이 우두두두 솟아나는 것도 각오해야 할 듯싶다.

브런치 작가 나소공

＊＊＊＊＊＊

좋은 부부 사이를 유지하기 위해 반드시 있어야 할 것이 무엇이 있을까?

사랑, 신뢰, 배려 등 여러 가지가 있겠지만, 빼놓을 수 없는 항목이 대화라고 생각한다. 말이 잘 통하는 사람과 쉽게 친구가 되는 것처럼 수십 년을 같이 살아가는 부부 사이에 대화가 잘 통하는 것은 중요한 일이다. 나이를 먹을수록 더 깊게 느낀다. 다시 20대로 돌아간다면 배우자를 고를 때 대화 항목에 높은 비중을 둘 것 같다.

저자는 젊은 나이에 결혼했음에도 가정에서 현명한 남편으로 아빠로 살아가고 있다. 결혼 후 3년 동안은 서로 맞춰 가는 시간을 겪은 후 지금까지 행복한 가정을 꾸려 가고 있다. 저자는 행복한 가정 꾸리는 노하우를 『위너러브』를 통해 알려 주려고 한다.

읽는 내내 저자 부부의 따뜻한 모습에 행복한 미소가 지어졌다. 이 책 덕분에 사이좋아지는 부부가 늘어날 것 같은 예감 때문이었다. 잘 지내고 싶지만, 소통 부재로 어려움을 겪는 부부, 대화가 잘 안 되어 힘든 부부들에게 희망이 되어 줄 거라는 믿음이 들었다.

물론, 저자 부부가 결혼 전부터 대화가 잘 통하는 사이였다는 점은 축복받은 인연이라고 생각한다. 글을 쓴 저자뿐 아니라 아내 또한 부부 간의 대화를 지혜롭게 이끌어 가는 모습이 인상적이었다. 그 덕분에 신혼 초의 크고 작은 마찰을 현명하게 해결해 왔을 수도 있다.

그렇다고 해서 우리와 다르다는 관점으로 바라보지 말자. 부부 사이 대화가 잘 안 돼서 힘들고 방법을 알고 싶다면 이 책을 통해 도움받을 수 있다. 스타일과 환경이 다르므로 그대로 따라 할 수는 없겠지만, 각 가정에서 할 수 있는 항목들을 골라 부부 스타일로 각색해서 실천해 보길 권한다. 부부 사이가 훨씬 개선될 것이다. 대화는 함께 하는 것이니 되도록 부부가 함께 읽으면 좋겠다.

『그럼에도 행복한 이유』 저자 김은정

******

사람의 인격은 말과 태도에서 드러난다고 한다. 거기에 추가해서 그 사람의 글에서도 인격이 드러나는 것 같다. 알파 님의 한결같은 따뜻한 글을 통해 그의 인자하고 자상한 성품과 인품을 느낄 수가 있다. 그의 글은 항상 마음에 잔잔한 감동을 준다.

그런 그의 따뜻한 마음과 태도의 향기가 알파 님의 부부 사이에도 퍼져 나가는 것은 아니었을까? 부부관계의 성숙은 이해와 배려라는 그의 한결같은 메시지가 이 책을 읽는 독자에게도 잔잔히 마음 안에 자리 잡으리라 생각된다.

나 스스로도 내 남편이 최고라는 마음으로, 내 남편이 꿈꾸는 일을 지지하고 응원해 주는 사랑으로 우리 부부와 행복한 가정을 꾸리리라 다짐해 본다.

『걱정 마, 시작이 작아도 괜찮아』 저자, 리딩교육 대표 서은진(로즈)

* * * * * *

가화만사성. 집안이 화목해야 모든 일이 술술 풀립니다. 집안이란 보통 부부와 자녀로 이뤄진 가정을 의미합니다. 화목한 가정의 출발은 원만한 부부관계입니다.

살면서 가장 어려운 게 인간관계라고 하죠. 인간관계의 범주는 넓고 다양하며 우위를 정하기 어렵습니다. 하루 중 시간을 많이 보내는 걸 기준으로 삼으면 직장에서의 인간관계 다음이 집에서의 인간관계입니다. 그만큼 부부는 많이 부딪히죠. 다툼과 갈등도 빈번하게 겪습니다. 가깝다는 이유로 남보다 못한 배려, 이해, 양보, 경청이 그 원인입니다. 가까울수록 더 챙기고 아껴 줘야 하는데 역설적이죠.

저자는 책을 통해 이상적이고 바람직한 부부의 모습을 보여 주고 있습니다. 예컨대 대화와 표현, 존중과 사랑, 진심과 감사, 위로와 응원을 경험과 일화를 통해 잘 녹여냈습니다.

부부는 일심동체라 말을 다른 관점으로 접근할 필요가 있습니다. 부부라 할지라도 서로 다른 개별자이기에 같은 마음, 하나의 마음이 될 수는 없습니다. 부부 각자 다른 생각과 의견을 갖는 것은 당연합니다. 이것을 조율하고 절충해 나가는 지혜와 슬기로움이 중요하죠. 저자는 책에서 다름이 틀림이 아님을 강조합니다. 맞습니다. 다름이 틀림이 아님을 인정하고 수용할 때 비로소 부부는 조화롭게 지낼 수 있습니다.

부부 사이가 좋지 않거나 지금보다 더 좋은 관계를 원하시는 분에게 이 책은 훌륭한 지침서가 될 것입니다. 모든 부부의 행복한 동행과 안녕을 기원합니다.

『할퀴고 물려도 나는 수의사니까』 저자 박근필, 글 쓰는 수의사 투더문

들어가는 글

『위너러브』는 사랑이 필요한 모두에게 바치는 책이다. 연인, 부부, 부부가 되려는 예비 신혼 부부 등 남녀노소를 불문하고 사랑이 필요한 사람들에게 이 책을 헌정하기 위해 글을 쓰고 있다. 필자는 2010년 5월 1일에 결혼을 했다. 결혼 후 부부 생활을 해 보니 생각보다 위기의 부부들이 많았다.

서로 사랑하기보다는 서로 미워하기 바빴고, 서로 헐뜯고 상처 주기 바쁜 부부들이 생각보다 많았다. 그래서 우리 부부는 어떻게 살아가는지, 우리는 어떤 부부 생활을 하고 있기에 행복하게 살아가고 있는지를 말해 주고 싶었다.

벌써 15년 차에 접어들고 있는 우리 부부지만 여전히 신혼 부부라는 수식어를 들으며 살아가고 있다. 단순한 자랑을 하고자 이런 말을 적는 것이 아니다. 우리 부부의 삶에는 행복이 있다. 그래서 그 행복을 함께 누리고 싶어 이 글을 적고 있다.

일그러진 부부도 얼마든지 서로 아끼고, 배려하고, 사랑하며 살아갈 수 있다. 그 첫걸음에는 작은 마음이 필요하다. 한 뼘 양보하는 마음이 있으면 된다. '부부 사이에 뭘 그런 걸 따지나?'라고 질문하는 독자들이 있을 것 같다.

그럼 이렇게 반문해 보겠다. 부부 사이에 그런 걸 따지지 않으면 대체 언제 따지는 건가? 우리는 생각보다 잘못된 상식의 범주 안에 살아가는 경우가 많다. 평균의 오류라는 말이 있다. 평균 이상에 있으면 잘하는 것이라는 착각을 말하기 위해 나온 단어다.

평균보다 잘하면 잘하는 건가? 그런 함정에서 빠져나오자. 내 아내(남편), 내 여자친구(남자친구)는 세상에 단 한 사람뿐이지 않은가? 상위 1%로 대해도 부족하다. 너무너무 잘해도 지나치지 않다. 그런 소중한 사람에게 먼저 양보하는 마음을 가지는 것은 어쩌면 당연한 일이다.

우리는 생각보다 부부관계를 뒷전으로 두는 오류를 범하는 경우가 많다. 그 시작이 제일 문제다. 부부 사이를 돈독하게 하는 일도 자녀 육아나, 취업 등의 현실적인 문제만큼 중요한 과제임을 인식해야 한다.

사랑이 가득한 두 사람의 관계는 먼저 잘못된 문제에 대한 인식에서 출발할 수 있다. 이 책을 통해 문제 인식을 하고, 전환하는 과정을 거쳐 결국엔 사랑임을 알게 되길 간절히 바라 본다.

『위너러브』가 출간될 수 있도록, 늘 사랑으로 필자의 곁을 지켜 준 아내에게 감사함을 표현하고 싶다. 아울러 이 책이 나올 수 있도록 도와주신 출판사 관계자분들과 책의 출간을 응원해 주신 모든 분들께 진심으로 감사드린다.

목차

3. 배려

4. 인내

5. 존중

6. 변화

7. 감사

8. 사랑

9. 동행

1.

시작, 그리고 다툼

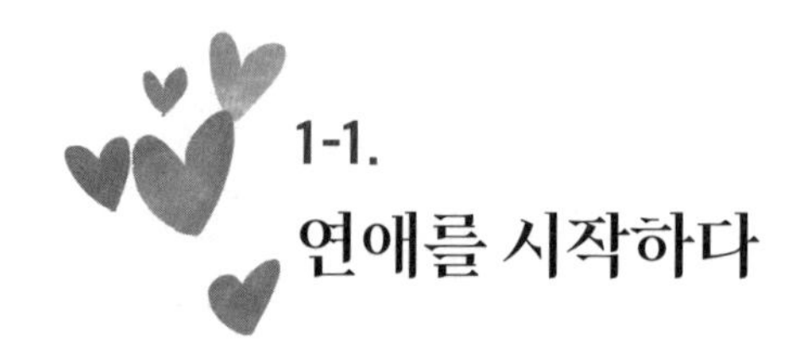

1-1.
연애를 시작하다

우리 부부의 시작은 교회에서의 첫 만남이었다. 다른 지방에 살던 아내가 본가로 내려온 지 얼마 안 돼서 교회를 나온 지 얼마 되지 않은 상황이었다. 처음 보는 두 사람은 교회 친구의 소개로 첫 인사를 하게 되었다.

사람을 처음 만났는데 오래 만난 것처럼 친근감이 있었다. 그렇게 우리는 예배를 마치고 점심 식사를 할 기회가 생겼다. 첫 만남이라고 생각하기 어려울 만큼 대화가 잘 통했다. 첫 만남에 좋아하는 고구마, 감자, 옥수수 이야기를 하면서 구황작물을 좋아하는 우리 둘을 보면서 참 재밌었다.

초등학교 5학년 때부터 배우자 기도를 해야 한다는 말을 듣고 아내가 될 사람을 두고 기도해 온 몇 가지 내용들이 있었다. 일일이 열거하기엔 소소한 내용들일 수 있지만 내겐 임팩트가 강하게 다가왔다. 처음 만났음에도 불구하고 참 가깝게 느껴진 게 그랬다.

서로가 대화가 잘 통하니 자연스럽게 주중에 만남을 이어 갈 수 있었다.

첫 만남 때 본 영화가 〈청담보살〉이었는데 그 영화에 이런 대사가 있었다. "지금 옆 사람을 보세요. 옆 사람이 당신의 운명일지도 모릅니다"라는 대사를 하는 것 아닌가?

서로 얼굴을 번갈아 쳐다보며 웃었다. 그리고 그 길로 식사를 하고 커피를 마시러 자리를 이동하면서 하루 종일 데이트를 즐겼다. 참 신기한 경험이었다. 대화할 것이 너무 많았고, 서로가 생각하는 결이 같아서 참 즐거운 시간이었다.

통하는 것이 있다면 만남은 자연스럽게 이어진다. 즐거운 첫 만남 덕분에 자연스럽게 만남을 이어 갈 수 있었다. 플루트를 전공한 아내와 경영학을 전공한 필자가 뭐 그렇게 공감할 대화의 주제가 많을까 싶지만 우리는 정말 잘 통했다.

몇 번의 만남 후 필자는 '아! 이 사람이구나. 이 사람과 결혼해야겠다'라는 마음을 먹게 되었다. 그런 것 같다. 연애와는 다소 다른 결의 뭉클한 어떤 감정이 솟구친다. '이 사람을 놓치면 후회할 것 같다'는 마음이 강렬하게 마음에 자리 잡았다.

이 사람을 놓치고 나면 언제 결혼을 할 수 있을지 모르겠다는 마음의 확신이 든 이후로는 더 아내와의 만남의 횟수를 늘렸다. 그리고 직진남의 면모를 제대로 보여 줬던 것 같다. 취업 준비로 바빴음에도 불구하고 자주 만났다.

그리고 서로의 마음을 확인하는 시간을 가졌다. 아내에게 만나자고 한 이후로 내 삶이 행복해졌다. 그런 내 모습을 몇 번 들여다보니 어떻게 앞으로 해야 할지 알 수 있었다. 그렇게 마음의 결심을 하고 아내에게 고백을 하기로 마음먹었고 아내에게 내 마음을 표현해서 우리는 연인으로 발전할 수 있었다.

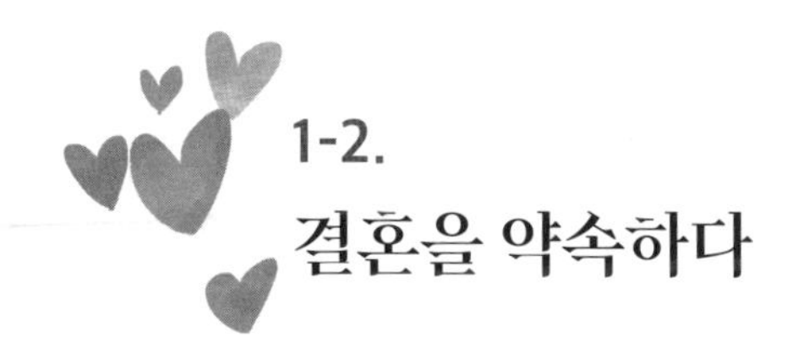

1-2. 결혼을 약속하다

모든 여자의 로망이 프로포즈이기에 어떻게 할까 많이 고민했다.

그리고 감동 포인트를 더하기 위해 편지도 썼다. 선물을 사러 가서 아내의 귀걸이와 목걸이를 사고, 장모님께 드릴 귀걸이와 목걸이를 샀다.

사실상 그때 내가 할 수 있는 전부를 올인했다. 학생 신분에 결혼을 한다고 하면 여러 가지 오해를 받을 수도 있겠다 싶었지만 내겐 그런 가십들은 중요한 것이 아니었다. 나와 평생을 함께할 아내를 놓치고 싶지 않은 마음에 집중했다.

정성껏 쓴 편지와 아내와 장모님께 드릴 선물 그리고 꽃다발을 들고 아내에게 갔다. 약속 장소인 커피숍에 가기 전, 매장에 전화를 걸어 프로포즈를 할 건데 그때 맞춰서 음악을 틀어 달라고 했다.

그렇게 사장님과 약속을 하고 친구 두 명과 있던 아내에게 성큼성큼 다가갔다. 사장님께 사인을 드리자 음악이 나왔다. "나랑 결혼해 줄래~ 나랑 평생을 함께 살래~ 우리 둘이 알콩달콩 서로 사랑하며~ 너 닮은 아이 하나 나 닮은 아이 하나 낳고~"라는 가사가 흘러나왔다.

그렇게 내 마음을 고백했다. "나랑 결혼해 줄래?" 아내는 수줍어하며 흔쾌히 내 마음을 받아 줬다. 우리의 연애 기간은 4개월이었다. 사귄 지 두 달째에 상견례를 했고, 결혼을 한 달 앞두고 프로포즈를 했다.

그렇게 우리의 시작은 번개 같은 속도로 진행이 되었다. 서로의 마음이 잘 맞아서 모든 게 다 괜찮다며 양가 부모님들을 설득했다. 학생이라도 잘 살아갈 수 있다며 호기롭게 결혼을 선포했다. 믿어 주신 양가 가정의 허락 덕분에 우리 부부는 축복 속에 결혼을 준비할 수 있었다.

결혼을 하기로 한 후 학교에 친구들과 선배들에게 알렸더니 돌아오는 대답이 불편한 것들이 좀 있었다. "사고 친 거 아냐?"라는 질문이 많았다. 그래서 '아니라는 건 결혼하고 시간이 지나 보면 알겠지'라는 마음으로 "그런 거 아니고 인생을 함께할 사람을 만났어"라고 말해 주었다.

그때도 불필요한 소리는 역시나 필터링하는 지혜가 필요했음을 느낀다. 결혼을 준비하면서 우리는 서로를 위하는 마음을 더 키울 수 있었다. 결혼은 두 사람의 마음만 합치는 것이 아니라 두 집안이 가족이 되는 과정임을 알 수 있었다.

이해와 배려, 양보와 사랑이 필요한 과정이었다. 속상한 일이 있을 때마다 더 많이 대화하기 위해 노력했다. 덕분에 우리 두 사람은 많은 사람들의 축복을 받는 결혼식을 무사히 올릴 수 있었다.

1-3.
신혼

결혼을 하고 행복한 신혼 생활을 시작했다. 그런데 이게 생각만큼 쉬운 것은 아니었다. 분명히 사랑함에도 불구하고 부딪히는 부분들이 있었다. 어찌 보면 20년 이상을 다른 환경에서 살아왔는데 다른 것이 당연한 것 아니겠는가?

우리 둘 다 어렸기 때문에 서로의 다른 면을 이해하기엔 부족한 면이 많았다. 서로 계속 차이점을 만날 때 틀렸다고 말하다 보니 생각보다 다툼이 잦아졌다. 별것 아닌 일로 서로의 마음을 상하게 하기도 하고 속상해서 잠 못 드는 날도 있었다.

돌이켜 보면 정말 사소한 것이었다. 장을 보고 오면 어디에 물건을 둬야 할지 몰라서 입구에 두곤 했다. 아내는 그런 내 모습을 이해하지 못했다. 왜 장 본 걸 냉장고에 넣지 않고 그냥 두냐는 질문에 이렇게 답했다.

"어디에 넣어야 할지 몰라서 괜히 잘못 넣었다가 한 소리 듣기 싫어서 그랬어.” 그 말에 또 아내는 속상해했다. 사소한 것 하나 배려해 주는 것이 그렇게 어렵냐고 서로 마음에 없는 말을 주고 받으며 다투기도 했다.

또 하나의 예시는 양말이었다. 나는 평소에 양말을 거꾸로 벗는 습관이 있었다. 아내는 그런 나를 이해하지 못했다. 처음에는 좋게 “여보, 양말은 거꾸로 벗지 말고 제대로 벗어 줘~”라고 말했다. “응~” 해 놓고 다음 날도 또 거꾸로 벗었다.

지금 생각해 보면 ‘그럴 수도 있지’ 이런 잘못된 생각을 하고 있었던 것 같다. 2회, 3회, 5회, 10회 반복되자 아내는 내게 속상함을 토로했다. “여보, 내가 이거 부탁했는데 왜 그렇게 안 들어주는 거야?”라고 하니 나도 “그럴 수도 있지, 뭐. 그런 걸로 그래”라며 아내의 속을 긁었다.

기분 좋게 데이트를 하고 돌아와서는 양말 때문에 싸우는 날이 종종 있었다. 남자들이 참 단순한 게 그렇게 싸우고 사과하고 봉합했으면 다음엔 안 그래야 되는데 또 같은 행동을 반복한다. 양말을 또 거꾸로 벗어서 두는 통에 신혼 때는 양말 사건으로 다툰 날이 며칠은 되는 것 같다.

하루는 ‘아내를 이렇게 사랑하는데 왜 이렇게 다투는 거지?’라는 속마음이 들었다. 그러고 보니 내가 아내의 말을 귀 기울여 듣지 않는다는 사실을 깨달았다. 그래서 아내와의 의견 차이를 극복하는 방법을 찾아야겠다는 생각을 했다.

1-4.
의견 차이

대체로 아내와 이야기를 나눠 보니 내 문제인 경우가 많았다. 양말을 뒤집는 것도, 장을 보고 입구에 두는 것도 내 습관이 잘못된 것이었다. 그래서 그런 일들이 있을 때마다 스스로에게 질문을 해 보기로 마음먹었다.

'내 일이 아니라 남의 일이라고 생각해도 틀렸다고 말하지 않을 수 있겠는가?'라는 질문을 하기 시작했다. 생각보다 많은 부분에서 내가 틀린 것들이 많았다. 신혼 때는 그놈의 자존심이 무엇인지 알면서도 우길 때가 있었다.

뭔가 아내에게 지는 것 같은 마음이 들 때면 그냥 우겼다. 인정하지 않는 내 모습이 참 못났다는 생각이 들기도 했다. 그럴 때마다 아내는 나를 기다려 주었다. "여보, 그럴 수 있어. 다를 수 있으니까 천천히 조금씩 바꿔 나가자"라고 따뜻하게 말해 주었다.

덕분에 우리는 틀림과 다름의 차이를 이해하고 받아들이기로 했다.

서로 틀렸다고 생각하는 것은 서로에게 알려 주고 고쳐 나가기로 했다. 그런데 틀렸다고 받아들이지 못하는 부분이 있으면 그건 다른 것이라고 생각하기로 했다. 틀림과 다름의 차이를 받아들이고 나니 서로에 대한 시선도 조금 더 따뜻하게 변해 갈 수 있었다.

그때부터 우리 부부는 의견 차이가 생길 때마다 틀림과 다름을 두고 생각의 시간을 가졌다. 아내의 생각이 맞을 때는 그렇게 했고, 내 생각이 맞을 때는 내 의견대로 했다. 그렇게 서로 합을 맞추는 시간을 가졌다.

신혼 3년이 가장 달달하면서도 가장 불꽃 튀는 시간인 것 같다. 서로의 다름과 틀림을 이해하지 못해서 다투는 시간을 보낼 수밖에 없기 때문이다. 의견이 부딪힐 때마다 서로 다른 부분들을 찾아 이해하고 보듬는 시간을 가졌다.

덕분에 신혼 3년 동안 우리 부부는 서로에 더해 더 잘 알아 갈 수 있었다. 의견 차이를 극복하는 과정을 통해 무엇을 좋아하는지, 어떤 걸 싫어하는지를 알아 갈 수 있었던 것이다. 그래서 서로 좋아하는 것들을 더 기억하며 사랑을 키워 갈 수 있었다.

의견이 부딪힐 때마다 답을 찾기 위한 과정의 시간을 보냈다. 덕분에 다툴 때는 힘들었지만 시간이 지나면서 더 돈독한 부부관계를 만들어 갈 수 있었다. 신혼을 보내면서 우리 부부는 더 관계를 튼튼하게 세워 갈 수 있었다.

흔히들 사랑의 유효기간을 3년이라고 하는데 맞는 말이라고 생각하면서도 틀린 말이라고도 생각한다. 이율배반적인 말이지만 실제로 그렇다. 아무것도 하지 않으면 3년 만에 사랑의 불길은 꺼진다. 하지만 매일 사랑을 키워 가면 계속 유효기간을 연장하면서 더 큰 사랑을 만들어 갈 수 있다.

우리 부부에게 의견 차이는 어쩌면 사랑의 불길을 더 활활 타게 할 수 있는 장작이 아니었을까 싶다. 평탄한 일들로 인생이 평안해지는 것 같지만 그렇지 않다. 삶을 평탄한 길로 이끄는 것은 고통의 시간을 잘 보내는 경험이 주는 경우가 많았다.

결국 우리 부부는 사소한 일들로 일어난 다툼을 통해 성숙해져 가고 있었다. 덕분에 서로의 사랑을 확인하면서 너 서로를 너 아끼는 삶을 살아갈 수 있었었다.

1-5.
간격

부부가 함께 살아가다 보면 간격을 느낄 때가 있다. 의견 차이를 넘어섰다 싶었는데 또 새로운 간격이 보인다. 이건 문화 차이에서 오는 것이다. 두 사람이 살아온 배경이 다르기에 서로의 생각이 완전히 다를 수 있다.

이 생각의 차이에서 오는 간격이 생각보다 크다. 그럴 때면 '나를 사랑하면서 어떻게 이럴 수 있어?'라는 생각이 들면서 상대방에게 너무 큰 서운함을 느끼게 된다. 때론 서로를 정말 사랑하는데도 그걸 잘 전달하지 못하는 행동 때문에 오해를 불러 일으킬 때가 있다.

20대에 취업한 나는 사회 초년생으로 사회생활을 해내는 게 만만치가 않았다. 그래서 주말이 되면 부족한 수면 시간을 보충하곤 했다. 주일에 교회를 다녀와서는 오후에 꼭 3~4시간씩 잠을 잤다. 아내는 그런 내 모습이 참 서운했다고 한다.

돌이켜 보면 그때 내가 주말에 자는 문제로 아내와 다투기도 했다. 나는

'사회생활을 하면 피곤할 수 있는데 그걸 이해 못 해 주나?'라는 생각이었고, 아내는 '같이 있을 수 있는 시간은 주일 오후뿐인데 잠만 자는 건 너무 아쉬워'라는 입장이었다.

지금의 나 같으면 아내와 당연히 데이트를 나가는 걸 선택할 것이다. 하지만 그때의 나는 수면 시간을 지키는 게 더 중요한 부족한 사람이었다. 덕분에 우리 둘의 간격을 확인하는 시간을 주말마다 만나게 되었다.

아내의 이해와 배려로 그 시간도 무사히 지나올 수 있었다. 현명한 아내는 "2~3주에 한 번은 나랑 데이트 해 줘~"라는 말로 나를 설득했다. 덕분에 너무 피곤한 날은 집에서 수면 시간을 보충했고, 조금 괜찮은 날은 아내와 데이트를 했다.

부부 싸움은 대체로 모두 사소한 것이었다. 이걸 다 알지만 다 받아들이고 실천할 수 있는 마음의 여유가 없을 때가 신혼이다. 그래서 두 사람 모두 노력이 필요하다. 한 사람에게만 희생을 강요하기보다는 서로 조금씩 양보하고 이해하는 자세가 필요하다.

그렇게 우리 부부는 신혼의 간격을 조금씩 메워 가며 살아갈 수 있었다. 덕분에 서로를 아끼는 마음을 조금씩 키워 나갈 수 있었다. 간격을 메우기 위한 노력은 서로의 사랑을 키우는 데 큰 도움이 되었다. 사소한 설거지 한 번, 청소 한 번이 서로의 마음을 따뜻하게 했다.

1-6.
대화

그렇게 서로 신혼 생활을 통해 사랑을 키워 가면서 가장 중요하게 생각한 것이 있다. 바로 대화다. 어떤 생각을 하는지 말하지 않으면 알 수가 없다. 그래서 우리는 매주 한 번은 꼭 진중한 대화를 하는 시간을 가진다.

커피를 마시러 가고, 데이트를 한다. 주말은 꼭 둘만의 시간을 가지려 하고 있다. 일주일 동안의 근황을 서로 공유하고 생각을 나누는 시간을 가진다. 다투거나 서운했던 일에 대한 이야기도 이 시간에 꼭 나눈다.

그럼 들을 준비가 되어 있기 때문에 보다 효율적으로 서로의 마음을 터치해 줄 수 있다. 부부가 제일 중요하게 생각해야 할 것 중 하나가 바로 이 대화다. 서로의 생각을 이해하지 못하면 별것 아닌 문제가 큰 문제로 발전할 수 있게 되기 때문이다.

반면 대화만 잘되면 모든 게 이해가 된다. 너그럽게 받아들일 수 있다. 나를 위하는 마음에서 그런 말을 했다는 것을 알면 다소 듣기 불편한 말들도 편하게 받아들일 수 있게 된다. 나를 사랑하는 마음이 있다는 사실을 아는 것만으로도 큰 위안이 된다.

대화는 마법이다. 마술같이 테크닉도 있고, 마법같이 신기한 경험을 선물해 주기도 한다. 속마음을 전달하는 것만으로도 충분히 뭉클한 감정을 불러일으킬 수 있다. 우리 부부는 서로에게 "사랑해"라는 말을 자주 한다.

그리고 모닝 뽀뽀도 자주 한다. 저녁에도 자기 전에 뽀뽀를 자주 한다. 이렇게 서로를 아끼고 사랑한다는 표현을 자주 하면서 사랑을 키워 가고 있다. 물론 대화 시간에도 "사랑해"라는 말을 뜬금없이 하곤 한다.

2010년에 결혼한 우리가 여전히 달달한 부부 생활을 이어 갈 수 있는 이유 중 가장 큰 부분을 차지하는 것이 바로 대화다. 대화 덕분에 모든 걸 유연하게 만들 수 있었다. 우리는 스트레스를 받으면 기장 커피숍이나 영도 커피숍, 혹은 우리가 정해 놓은 스팟에 있는 커피숍으로 드라이브를 간다.

그곳에서 이런저런 이야기를 나누다 보면 언제 그랬냐는 듯 불편한 감정이 사라진다. 우리 부부는 그렇게 대화를 통해 성숙하고 사랑을 키워 가고 있다.

1-7.
약속

우리 부부가 신혼을 보내면서 서로 약속한 것이 있다. 싸우면 반드시 저녁에 풀고 자는 것이었다. 화가 나면 그냥 자고 싶어진다. 상대방의 마음을 어루만질 여유가 없기 때문에 자는 것을 선택해 버린 적이 있다.

이런 나의 나쁜 습관을 아내가 대화 시간에 알려 줬다. "여보가 싸우고 그냥 잠들어 버려서 내 마음이 너무 안 좋았어. 앞으론 화해하고 잤으면 좋겠어"라고 말해 주었다. 뭔가 모를 뭉클하고 미안한 감정이 들었다.

그 대화 이후로 우리는 화가 나도 그냥 잠들지 않기로 약속했다. 감정이라는 게 처음 10분, 30분이 고비다. 한 시간을 넘어가면 조금 이성적으로 돌아오게 된다. 그때까지 기다렸다가 우리는 대화를 하고 풀고 잔다.

부부 싸움이라 해 봐야 대단할 것도 없다. 주로 생각 차이, 자녀 교육관 차이, 시댁, 친정 이야기, 삶에서의 고민들, 스트레스 받아서 생긴 예민함 등이다. 큰 주제는 없는 경우가 많다. 이런 걸로 싸우나 싶은 주제가 대부

분이다.

그래도 이걸로 싸우고 그냥 잠들고 다음 날부터 말을 안 하면 부부 사이에 금이 간다. 유리에 금이 가면 잘 보이지 않는다. 그런데 이게 모이면 한 번에 쨍~ 하고 깨져 버린다. 깨진 유리는 붙일 수가 없다. 그래서 일이 커지기 전에 금이 가지 않도록 노력하는 게 중요했다.

우리 부부는 싸우고 잠들면 서로 속상하다는 걸 깊이 공감한 이후로 약속을 잘 지키고 있다. 싸우면 꼭 화해하고 잔다. 싸움의 주제가 무엇이든 그건 크게 중요하지 않다. 서로 사랑하면 그냥 먼저 양보하고 화해의 말을 먼저 하면 된다.

우리는 그렇게 싸울 때마다 서로의 마음을 어루만지려 노력한다. 그래서 더 서로를 사랑할 수 있게 되었다. 사랑은 하루아침에 만들어지는 것이 아니라 매일 조금씩 쌓는 과정을 통해 커지는 것을 경험하게 된 시간이었다.

Summary

부부의 시작은 늘 시행착오의 시간을 보내야 한다. 서로의 같음과 다름을 이해하고 틀린 것이 아니라는 사실을 받아들이는 자세가 필요하다.

3년이라는 사랑의 유효기간을 평생으로 가져가는 방법은 부부에 대한 이해와 배려 그리고 사랑에서 나온다.

이 세 가지를 만들어 가는 과정은 대화다. 그래서 매주 하루는 꼭 둘만의 대화 시간을 확보해야 한다.

서로를 잘 알아야 사랑도 더 현명하게 키워 갈 수 있다.

2.
이해

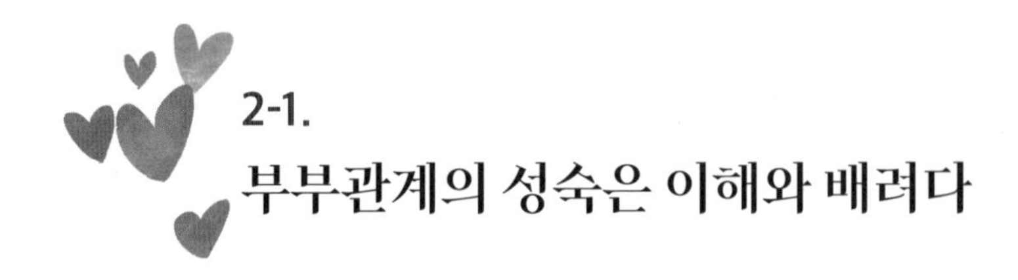

2-1. 부부관계의 성숙은 이해와 배려다

최근 아내와 이런 대화를 나눴다.

아내 : "여보, 우리 결혼 초기보다 훨씬 적게 싸우는 것 같아. 그래서 감사해."

나 : "응, 나도 더 여보를 사랑하게 된 것 같아."

아내 : "왜 그런 걸까?"

나 : "서로 더 이해하고 배려하기 때문 아닐까? 먹고 싶은 것도 서로 취향 생각하면서 좋아하는 걸로 선택하잖아."

아내 : "맞아, 나도 맛집 찾아볼 때 여보가 좋아하는 거 위주로 찾아보게 돼.^.^"

나 : "응, 나도 그래. 그러고 보니 맛집이라 해도 여보가 고기를 못 먹으니까 그런 곳은 패스하게 되더라고~"

아내 : "근데 신혼 때는 왜 자주 다툰 걸까?"

나 : "그건, 서로를 잘 몰라서 그런 것 아닐까?"

아내 : "10년 이상 살다 보니 이제 그때랑은 많이 달라진 것 같아.

어떤 걸 좋아하는지, 싫어하는지 알게 되니까 더 좋아하는 것 위주로 행동하게 되는 것 같아. 더 사랑하게 되니까 그런 걸까?^^"

나 : "결혼한 부부라도 서로를 위하고 이해하고 배려하는 마음이 중요한 것 같아. 따뜻한 마음이 전달되니까 더 그 온기를 받고 다시 나누게 되는 것 아닐까?"

아내 : "맞아. 여보, 우리 앞으로도 더 서로에게 온기를 주고받으면서 살아가자."

나 : "그래. 여보, 많이 사랑해."

아내 : "나도 사랑해. 여보랑 이런 대화가 잘돼서 나 너무 행복해."

부부는 서로 다른 환경에서 20~30년을 살다가 만난 사이다.

행복한 부부관계를 만들어 가고 싶다면,

서로 다름을
이해하고,
배려하고,
존중하자.

서로를 위하는 따뜻한 마음의 온기가 전달될 때 부부의 사랑은 위대해지고 그 위대함이 행복을 가져온다.

부부란 둘이 서로 반씩 되는 것이 아니라 하나로서 전체가 되는 것이다.

- 반 고흐

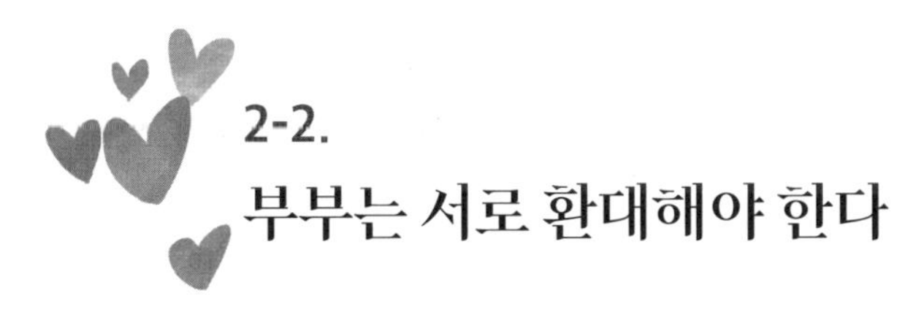

2-2.
부부는 서로 환대해야 한다

부부는 서로 의지하며 살아간다. 부부는 **버팀목**이다. 버팀목의 사전적 의미는 외부의 힘이나 압력에 굴복하지 않고 맞서 견딜 수 있도록 해 주는 사람이나 사물을 비유적으로 이르는 말이다. 부부는 서로 **사랑**해야 할 대상이다. 부부는 서로 **환대**해야 할 관계다. 부부는 서로 싸우는 관계가 아니다.

안타깝게도 결혼을 하고 불행하게 살아가는 사람들을 자주 본다. 기본 **베이스에 이해와 배려**가 없어서다. 나는 결혼한 지 15년 차에 들어간다. 여전히 행복하고 감사한 게 아내와 결혼한 것이다. 어떻게 잘 지낼 수 있는 걸까? 그 **답은 사랑**에 있다. 아내를 사랑한다. 첫해보다 두 번째 해에 더 그때보다 지금 더 사랑한다.

"어떻게 그럴 수 있나?"라고 묻는다. 아내도 나를 그렇게 사랑한다고 한다. 함께 사랑하면 된다. **사랑하는 마음은 모여서 1+1=3이 되는 마법이 있다.** 우리 부부도 다툰다. 부부 싸움은 칼로 물 베기다. 결혼한 지 5년 차까지는 먼저 사과하는 게 쉽지 않았다. 꼭 지는 것 같았고 뭔가 속이 상했다. 불필요한 자존심을 세웠다. 지나 보니 부질없는 것이다. 지금은 그런 마음이 들 때마다 나에게 말해 준다. “알파야, 아내한테 지는 게 네가 행복해지는 길이야.” 이런 말을 스스로에게 들으면 사과하기 쉬워진다.

싸우면 먼저 사과하자. 만사가 편해진다. 내가 굽힌 것을 아내가 안다. 그래서 더 잘해 준다. 반찬이 맛있어진다. 내가 좋아하는 과일을 사서 깨끗이 씻어 준다. 지녁에 왕빙울만 한 딸기를 씻어 준다. 사실 새벽에 별것 아닌 걸로 다퉜다. 먼저 사과했다. 마음 상하게 해서 미안하다고 했다. 그랬더니 하루 종일 아내가 잘해 준다. 남자들은 자존심이 세다. 사과하기 싫어한다. 그 수준을 넘어서야 한다. 그럼 인생이 행복해진다. 아내를 이기려고 하지 말자. 지는 게 이기는 것이란 말은 그냥 있는 말이 아니다.

10년 정도가 지난 시점부터는 조금 더 편해진다. 그럼 그 전에는 어떻게 해야 할까? **과정을 인정해야 한다.** 서로 생각이 다른 것과 자라 온 환경이 다른 것을 받아들이는 과정이 필요하다. 그럼 더 나은 부부관계를 만들어 갈 수 있다.

결혼 초기에는 정말 많이 다툰다. 깊게 사랑하지만 이렇게까지 싸울 수 있나 싶을 정도로 부부 싸움이 자주 일어난다. 서로를 알아 가는 과정이 필요하기 때문이다. 지금은 정말 부족했던 남편에서 아내의 정성과 노력으로 더 나은 남편이 되어 가는 과정에 있다. 신혼 초에는 정말 지금 생각해도 상당히 어린 남편이었다.

한번은 차를 타고 이동하던 중에 아내와 다퉜다.(그때는 상당히 자존심이 셀 때다.) 아내가 화가 나서 "차 세워!" 이렇게 말했다. 정말 차를 세우고 아내를 내려 줘 버렸다. 내려 준 곳에서 집까지의 거리는 4km 정도였다. 씩씩거리며 차를 타고 회사로 들어가 버렸다. 몇 시간 후 집에 도착한 아내는 집까지 걸어왔다고 한다. 마침 택시도 없었다고 한다. 어이없어하며 집에서 내가 들어오기를 기다렸다고 한다.

가는 날이 장날이라고 그날이 회사 회식 날이었다. 술은 먹지 않지만 회식이 새벽 2시에 끝나는 바람에 너무 피곤했다. 그 당시에는 졸음 운전을 너무 심하게 했었다. 혹시 모르니 30분만 눈을 붙이고 가야지 생각한 게 깊은 잠에 빠져들어 버렸다. 아무리 기다려도 남편이 집에 오지 않자 걱정된 아내는 전화를 50통 정도 했다. 아침 6시까지 꼬박 4시간을 차에서 잠들어 버린 나는 6시 30분쯤 집에 들어갔다.

처음에는 아내가 화를 냈다. 어떻게 그럴 수 있냐고, 자기는 너무 서운했다고 했다. 그러다 연락이 안 되자 너무 걱정이 되었다며 울었다. 그렇게 말하는 아내를 보니 반성이 크게 되고 미안했다. 아내를 끌어안으며 "내가 속이 좁았어. 미안해"라고 말했다. 그렇게 극적으로 화해할 수 있었다. 너무 미안해서 아내와 함께 데이트를 가서 아내의 마음을 풀어 주었던 기억이 있다.

남자들은 이렇게 철이 없다. 지금 생각해 보면 정말 왜 그랬나 싶다. 그때는 내 **자존심과 화나는 감정이 먼저**였다. 부부관계는 그렇게 만들어 가면 불행해진다. 서로 위해 줘야 한다. 아내가 왜 화가 났는지 그 마음을 들여다봐야 한다. 신혼 초에 나는 감정은 터치해 주지 않고 해결책만 내려고 했었다. 그러다 보니 자주 다퉜다. 지나 보니 부족한 내 모습이 더 보인다. 부부관계가 어려울 땐 대화를 해야 한다. 서로의 마음을 알아 가는 과정이 필요하다.

> 누구나 처음은 어설프다. 조금씩 시간을 쌓아 가야 한다. 성장해 나가는 과정이 있을 때 아름다운 부부관계로 성숙해질 수 있다.
> - 알파

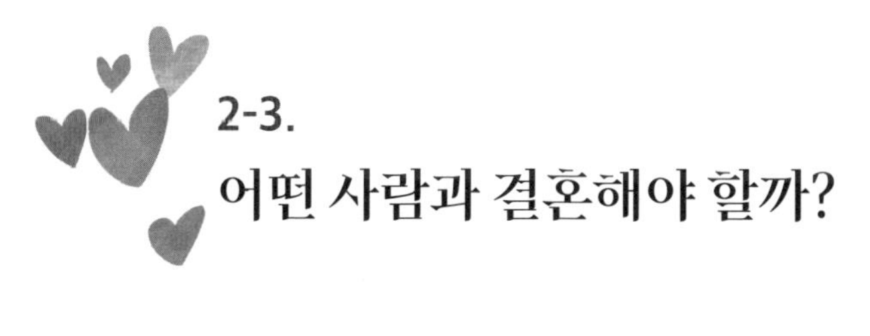

2-3.
어떤 사람과 결혼해야 할까?

최근 후배에게 결혼 상담을 해 주었다. 어떤 사람과 인생을 함께해야 할지에 대해 고민이라고 해서 결혼을 할 때 중요하게 생각해야 할 사항들에 대해 함께 생각해 보는 시간을 가졌다.

크게 다섯 가지를 꼽았다.

1. 평생 상대방을 사랑할 수 있는 사람
2. 다름을 인정할 수 있는 사람
3. 서로를 세워 주는 사람
4. 대화가 통하는 사람
5. 물질의 여부에 상관없이 서로를 믿어 줄 수 있는 사람

하나씩 살펴보자.

1) 평생 상대방을 사랑할 수 있는 사람

평생 서로를 사랑할 수 있을까? 참 어려운 질문이면서 쉬운 답을 낼 수 있는 문장이다. 개인적으로는 평생 사랑할 수 있다고 생각한다. 그 전제에 서로를 위하는 마음이 있어야 한다. 사랑의 유효기간은 길어야 3년이다. 그럼 3년이 지나면 사랑이 식을 것 아닌가? 그렇지 않다. 그 사랑이 식지 않도록 3년을 계속해서 연장해 나가면 된다. 작심삼일도 이틀째에 다시 시작하면 평생 할 수 있는 것과 같은 이치다.

평생 사랑하기 위해 어떤 것들이 필요할까? 매일 서로를 위해 양보하고 배려하는 마음을 가져야 한다. 나를 위해 하루 종일 일하고 들어온 남편(아내)이 설거지를 해 주고 집 안 청소를 해 준다면 얼마나 고마울까? 거기에 분리수거까지 하고 있다면 얼마나 사랑스러울까? 그렇게 매일 사랑을 조금씩 키워 간다면 부부 생활을 하는 내내 더 사랑스럽게 살아갈 수 있다.

2) 다름을 인정할 수 있는 사람

다름을 인정하는 부분이 정말 중요하다. 틀린 것과 다른 것은 결이 다르다. 결혼 생활은 정답과 오답을 찾는 시험지 같은 삶이 아니다. 나와 상대방의 다름을 이해하고 받아들이고 존중하는 것이다. 대개 20~30대에 결혼을 하는 경우가 많다. 그렇다면 서로 다른 환경에서 수십 년을 살아왔다는 것이다. 다른 점이 있을 수밖에 없지 않은가? 이런 것들을 받아들이지 못하는 사람과 평생을 행복하게 살아가기는 힘들다.

신혼 때는 누구나 많이 싸운다. 다른 것을 틀린 것으로 잘못 인식하기에 나타나는 현상이다. 부족한 필자도 3년간 자주 다투는 시간을 보냈다. 그 시간을 통해 상대방을 이해하고 다른 것은 틀린 것이 아님을 깨닫게 되었다. 그 이후로 더 서로를 사랑하고 이해할 수 있게 되었다.

3) 서로를 세워 주는 사람

서로를 세워 주는 것이 정말 중요하다. 누가 무슨 말을 하든지 내 남편, 내 아내가 최고여야 한다. 나의 아내가, 나의 남편이 꿈꾸는 일을 지지하고 응원해 줘야 한다. 남편이 대통령이 되겠다 해도 응원해 주면 된다. 어떤 목표를 이루느냐, 이루지 못하느냐보다 더 중요한 것은 상대방을 향한 믿음과 지지다. 그 힘이 사람을 성장하게 한다.

아내가 늘 신혼 초에 필자에게 해 준 말이 있다. “여보는 꼭 원하는 바를 이룰 거야.” 그 말이 힘이 되어 신혼 때 꿈꿔 왔던 많은 것들이 현실이 되었다. 필자도 똑같이 아내를 응원했다. “여보는 반드시 꿈을 이룰 거야” 라고. 아내도 원하는 꿈을 이루며 살아가고 있다. 말에는 힘이 있다. 내가 내 남편(아내)를 믿지 않는데 누가 믿어 주겠는가? 간절히 바라고 기도해 보자. 나와 함께 살아가는 배우자가 멋지게 변하는 걸 직접 지켜보며 살아갈 수 있다.

4) 대화가 통하는 사람

대화가 통하는 것이 얼마나 중요한지 두 번, 세 번 강조해도 부족하다고 힘주어 말하고 싶다. 서로 다른 두 사람이 만나 살아가는 것이 결혼이다. 잘 모르는 상대방의 생각을 읽어 내는 데 너무 많은 에너지가 소비된다. 쓸데없이 시간을 허비하기보다 대화하는 시간을 늘리는 것이 현명하다. 서로의 생각을 나누는 시간을 늘림으로써 상대방에 대한 이해와 사랑이 더 커지게 된다.

부부는 별것 아닌 것으로 싸운다. 그 싸움도 대화의 시간을 늘리면 줄일 수 있다. 또한 대화는 서로의 사고의 폭을 넓게 만들어 준다. 상대방의 생각을 들으면 화가 날 법한 일들도 '아! 그래서 그랬구나'라고 이해할 수 있게 된다. 부부 사이에도 매너와 예의가 필요하다. 그 무드의 베이스를 만들어 주는 것이 바로 대화다.

5) 물질의 여부에 상관없이 서로를 믿어 줄 수 있는 사람

돈이 있으면 결혼 생활을 유지하고 돈이 없으면 헤어지는 사람들이 있다. 돈은 있다가도 없고 없다가도 있는 것이다. 그러나 사람은 돈으로 바꿀 수 없다. 돈보다 더 내 남편(아내)을 소중히 여겨야 한다. 돈보다 중요한 것이 바로 나와 인생을 살아가며 함께하는 나의 남편(아내)이기 때문이다. 살아가다 보면 다양한 역경과 고통을 만나게 된다. 그 순간 서로에게 가장 큰 지지대가 되어 그 상황을 이겨 내고 나면 새로운 빛이 우리 눈앞에 펼쳐진다.

넘어지면 일어나면 된다. 넘어졌다고 버리고 가 버리면 남은 사람도, 먼저 가 버린 사람도 불행해진다. 물질적 어려움에 처한 배우자와 함께 일어서면 서로를 더없이 고마운 존재가 된다. 부부는 그렇게 힘을 주고받는 사람들인 것이다. 결혼할 때 이런 주례사를 자주 듣는다. "아플 때나, 슬플 때나, 어려울 때나, 기쁠 때나 어느 때든지 서로를 사랑하시겠습니까?" 정말 이 말을 지키며 살아가는 부부가 행복한 가정을 꾸리며 살아갈 수 있다. 돈보다 중요한 것이 나의 사랑스러운 배우자다. 내 남편(아내) 없이 돈이 많은들 그 인생이 행복할까?

결혼을 하고 싶은 사람이 있다면 이 다섯 가지를 한번 체크해 보고 가능한 사람인지 확인해 볼 필요가 있다. 만약 그렇지 않다면 그 결혼은 다시 한번 생각해 봐야 하지 않을까? 후배와 상담을 하며 이런 주제들로 대화를 나누면서 필자는 참 감사한 사람이라는 생각을 했다. 아내에게 더 잘하는 남편이 되어야겠다.^^

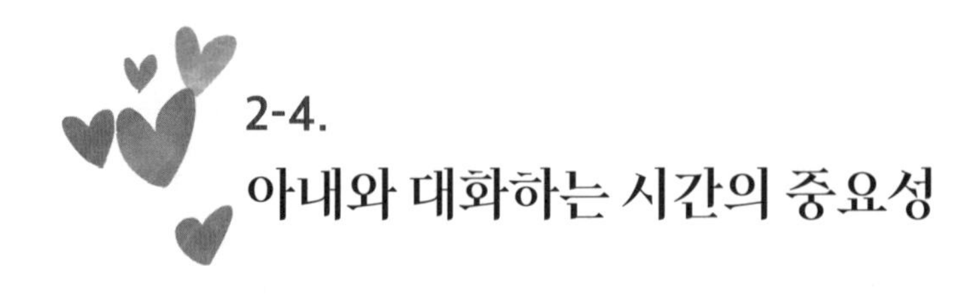

2-4. 아내와 대화하는 시간의 중요성

아내와 나는 동갑내기 친구다. 그래서 때론 연인같이, 때론 친구같이 지낸다. 우리는 매일 대화의 시간을 가진다. 커피 한잔을 하기도 하고, 운전 중에 옆자리에 앉아서 대화를 하기도 한다.

대화의 주제도 광범위하다. 모든 분야에 대한 얘기를 한다. 아마 대부분의 부부들이 그럴 것이다. 조금 다른 것은 매일 일정 시간 이상의 대화를 한다는 것이다. 그렇게 이야기를 많이 했는데도 할 이야기가 남아 있다. 서로 무엇을 좋아하고, 어떤 내용을 말하고 듣고 싶은지 너무 잘 안다. 얘기를 하다 보면 쿵짝이 맞아 더 즐겁다.

대화는 사람을 더 알아가게 한다. 때론 나보다 나를 더 잘 아는 아내 덕에 감사할 때가 많다.

"여보, 저녁은 여보가 좋아하는 거 해 줄게." 무심코 던진 아내의 말에 '어떤 음식을 해 주려고 그러지?'라는 의문이 생겼다.

식사를 하려고 식탁에 앉았더니 정말 내가 좋아하는 음식이 앞에 있었다. 꽃게 된장찌개였다.

나 : "와우! 여보, 내가 이거 먹고 싶은 거 어떻게 알았어?"

아내 : "아, 어제 여보가 장 볼 때 꽃게 보고 서성이길래 딱 알아챘지. 꽃게가 먹고 싶구나 하고!"

나 : "오, 역시 나 사랑받고 있구나. 행복하다. 고마워, 여보.^^"

아내 : "여보도 어제 내가 먹고 싶다고 해서 저녁에 떡볶이 사다 줬잖아. 나도 고마워. 사랑해~"

이런 대화를 나눴다. 서로 사랑이다. 결국 서로를 위하는 마음이 사랑을 만든다. 이 사랑의 근원지를 찾아가 보면 결국은 대화에서 나오는 경우가 많았다.

평소에 광범위한 대화를 나누다 보면 서로에 대해 더 많이 알아 가게 된다. 우리 부부는 비전, 꿈에 대한 이야기도 자주 나눈다. 평소에 "아! 옥수수 먹고 싶다" 같은 말을 하면 기억을 해 둔다.

지나가다가 옥수수가 보이면 그냥 산다. 그리고 "여보가 좋아하는 거라 샀어"라고 하면서 함께 먹는다. 그 배려와 나의 원함을 기억해 주는 그 마음이 귀하고 감사하다. "퇴근하다가 여보가 좋아하는 샐러드가 있길래 샀어." "오! 잘 먹을게~" 이런 사랑이 쌓이면 아내도 남편에게 더 사랑이 커진다.

아내와 남편의 사소한 말 한마디에 집중하고 귀를 기울여 보자. 회사에서 내 상사, 내 고객들에게만 집중하지 말자. 정작 중요한 건 내가 살아가는 내 집에 있는 내 가족들이 아닌가?

평소에 회사에서의 그 민감한 신경을 가족들에게도 함께 써 보자. 내 가족들이 무엇을 필요로 하는지, 어떤 것을 좋아하는지 파악해 보자. 그리고 그동안 봐 두었던 것을 잘 챙겨 보자. 사소한 마음이 전달될 때 가장 큰 감동이 있다.

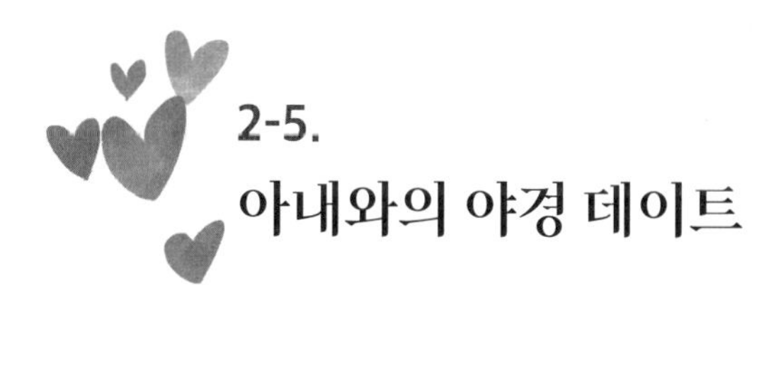

2-5. 아내와의 야경 데이트

익일 서울 출장으로 인해 딸을 장모님 댁에 맡기고 나오는 길에 잠시 야경을 보면서 드라이브를 했다.

나 : "여보, 장모님, 장인어른께 늘 감사하네. 딸을 봐주셔서 우리가 출장도 잘 다녀올 수 있고, 이렇게 오붓하게 데이트도 하니까.^^"

아내 : "맞아, 늘 우리 사정을 잘 이해해 주시니까 너무 감사해."

나 : "야경이 참 이쁘네. 잠깐 커피 한잔하면서 드라이브 할까?"

아내 : "그래, 오랜만에 오붓하게 좋네.^^"

나 : "광안대교는 참 언제 봐도 아름다운 것 같아."

아내 : "그러게. 야경으로 들어오는 조명 덕분에 더 이쁘네."

나 : "여보랑 함께 야경을 보니까 더 행복하네. 사랑해.^^"

아내 : "나도 그래. 나도 사랑해.^^"

잠깐의 드라이브를 통해 나눈 대화이지만 부부에게는 단 둘만의 시간이 필요하다는 생각이 든다.

부부는,
서로를 바라보고 웃을 시간이 필요하다.
서로를 바라보고 사랑을 속삭일 시간이 필요하다.
서로를 바라보고 이해와 배려할 시간이 필요하다.

부부는 서로 바라보고 함께 손잡고 인생을 살아가는 동반자다. 살아갈수록 나에게 힘이 되어 주는 온전한 나의 편이다. 부부 사이에 자존심을 세우지 말자.

신혼 초에 같음과 다름을 구별하지 못할 때 참 많이 다퉜다. 그때의 나를 들여다보면 못난 자존심을 부렸던 모습이 보인다. 아내에게 자존심을 세울 필요가 전혀 없다. 그저 솔직하게 내 마음을 온전히 표현하면 된다. 사랑하고, 위해 주고, 아껴 주기만 해도 시간이 부족하다.

부산의 야경은 광안대교와 마린시티뷰가 참 이쁘다. 마리나베이에서 보는 마린시티뷰도 이쁘고, 엘시티 전망대에서 보는 야경도 아름답다. 종종 아내와 야경 데이트를 즐긴다. 차를 타고 한 바퀴 돌면서 보는 야경으로 마음에 즐거움을 준다.

가끔은 연애할 때와 같은 무드를 조성할 필요가 있다. 부부 간의 애틋함을 만드는 추억의 시간을 가져야 한다. 사랑의 유효기간 운운하면서 노력을 하지 않는다면 사랑이 깊어질 수가 없다.

촛불에 바람이 세게 불면 금방 불씨는 꺼져 버린다. 사랑의 불씨가 바람에 꺼지지 않도록 늘 아껴 주고 위해 주는 마음을 서로 표현하며 살아가야 한다. 업무 문제로, 자녀 문제로 바쁜 일상을 핑계 대지 말자. 그건 사랑하는 마음이 부족했음을 시인하지 못하는 못난 자세다.

조금 더 힘을 써 보자. 아내(남편) 사랑하는 데 시간을 사용하자. 작은 마음을 쓰는 것에서 큰 감동이 나온다. 데이트를 통해 부부의 사랑은 더 온기를 더해 갈 수 있다. 부부가 서로를 사랑하면서 살아가는 것이 큰 행복을 느끼는 경험임을 잊지 말자.

2-6.
여보! 의리~

수면에 들어가는 시간 아내가 먼저 잠자리에 누웠다. 그러고는 경쾌한 목소리로 이렇게 말한다.

아내 : "여보~! 의리~~~!!^^"
나 : "응? 그게 무슨 말이야?"
아내 : "아, 여보 글 다 쓸 때까지 기다려 준다고 의~리!"
나 : "아, 그런 뜻이었어?^^ 너무 고맙네. 알겠어, 글 다 쓰고 얼른 갈게~"

아내의 의리라는 귀여운 말이 왜 그렇게 기분을 좋게 하는지 피식 웃음이 났다. 글쓰기에 재미를 느끼고 열심을 내다 보니 자는 시간이 늦어질 때가 있다.

우리 부부는 늘 함께 잠들기 때문에 아내가 기다려 주는 때가 많다. 그러고 보니 참 감사한 일이었다. 내가 글을 쓰는 것과 별개로 아내는 먼저 잘 수도 있는데 의리라는 표현으로 함께 자는 것을 말하고 있으니 말이다.

우리는 특별한 일이 없으면 함께 잠든다. 그걸 보고 사람들이 신혼부부라고 한다고 한다. 맞다. 우리는 늘 신혼같이 살고 있다. 사실, 내 목표가 80~90대의 할아버지, 할머니가 되어도 신혼처럼 살아가는 것이다. 그래서 아내도 나도 서로에게 더 노력하며 살아가고 있다.

연애할 때처럼 신경을 쓰고 사랑을 만들어 가면 행복도가 올라간다. 너무 당연한 사실인데 우리는 생각보다 아내(남편)의 소중함을 쉽게 잊을 때가 많다. 그래서 내가 하는 방법이 한 가지 있다. 아내랑 연애할 때를 자주 떠올리는 것이다.

설레었던 감정과 사랑을 꽃피우기 위해 노력하던 날들의 감정을 생각한다. 그럼 더 몽글몽글한 생각이 올라와 아내를 사랑하게 된다. 우리는 서로에게 감정 표현을 더 자주 한다. “사랑해”, “고마워”, “미안해”, “행복해” 등 다양한 감정을 서로에게 표현한다. 그렇게 매일 사랑을 키워 가며 살아가고 있다.

‘가화만사성’이라는 말이 있다. 가정의 평화로부터 모든 것이 시작된다. 처음에는 어색할 수 있다. 그런데 계속하다 보면 이게 행복으로 가는 지름길임을 느낄 수 있다. 행복한 가정은 상대방이 만들어 주는 것이 아니다. 내가 먼저 쌓을 때 상대방도 함께 쌓고 싶은 마음이 생긴다. 부부관계는 +다. -를 생각하는 관계가 아니다.

내 편이다. 내 사람이다. 내 소중한 사람이다. 잘해 줘도 하나도 아깝지 않을 관계라는 것이다. 아내와의 의리 덕분에 행복한 저녁을 보내게 되었다.

자기 전에 우리는 인사를 하고 잔다. "여보, 오늘도 수고했어. 사랑해! 잘 자~"라는 말이다. 서로를 응원하고 사랑을 속삭이고 수면을 취하면 자는 시간도 행복한 시간으로 만들 수 있다.

당신의 부부 생활은 어떤가? 의리와 사랑을 키워 가는 부부가 되길 응원한다.

2-7.
아내와 장 보는 시간

아내와 장을 보러 코스트코에 다녀왔다. 신혼 때부터 내가 정말 좋아하는 시간 중 하나는 아내와 장 보는 시간이다. 함께 눈을 맞추고 대화를 하며 걸어 다니는 순간들이 하나하나가 감사다.

좋아하는 음식, 과일을 하나하나 같이 살펴보면서 구매한다.

아내 : "여보, 오렌지 살까, 천혜향 살까?"
나 : "응, 천혜향이 더 맛있을 것 같은데?"
아내 : "응, 그럼 천혜향으로 사자~"
나 : "요즘 천혜향이 당도도 좋고 맛있더라고~"

이 대화를 마치고 천혜향을 구매했다. 장을 보면서 여기저기 둘러본다. 코스트코는 둘러보는 매력이 있다. 상품이 균일하게 전시되는 게 아니라 로테이션이 되기 때문이다.

나 : “여보, 오! 타이거새우 너무 싱싱한 게 맛있겠네. 이거 하나 사자~”

아내 : “내가 좋아하니까 사려는 거지? 역시 여보밖에 없어!”

나 : “들켰네. 여보가 타이거새우 좋아하니까 사려고 수산물 코너로 왔지.^^”

아내 : “고마워. 사랑해~”

이 대화를 마치고 건어물 코너로 넘어가는데 아내가 부른다.

아내 : “여보, 이리 와 봐~ 여기 오징어 말린 거 먹기 좋게 잘 포장되어 있네~”

나 : “내가 오징어 좋아한다고 사려는 거지? 행복하구먼!”

아내 : “당연하지. 여보가 오징어 얼마나 좋아하는지 내가 잘 알잖아.^^”

나 : “고마워. 사랑해~”

이렇게 장을 보러 가면 몇 번을 “고마워. 사랑해”를 외친다. 서로에게 사랑의 언어를 속삭이기에 더 장 보는 시간이 즐거운 것 같다. 장을 보면서 아내의 원하는 눈빛, 남편의 간절한 눈빛을 외면하는 부부들을 종종 본다. 그럴 때면 안타깝다. ‘어차피 장을 보러 와서 서로가 더 행복하면 좋지 않은가?’라는 생각을 한다.

서로가 좋아하는 것을 찾아서 구매하자. 그렇게 상대방을 위하고 나아가 나도 행복하기 위해 장을 보러 간다. 어차피 장을 본다면 행복하게 그 시간을 보내면 더 좋지 않을까? 장을 볼 때 우리 부부는 늘 즐겁게 시간을 보낸다. 마치 데이트하는 것처럼 그 시간을 소중히 사용한다.

무엇을 하든 어떤 마음가짐으로 하느냐가 성패를 가른다. 장 보는 순간에도 마음껏 아내를 사랑하는 태도가 필요하다. 그 배려와 사랑이 전달되면 저녁 식사에 나오는 반찬은 더 다양해지고 맛있어진다.^^

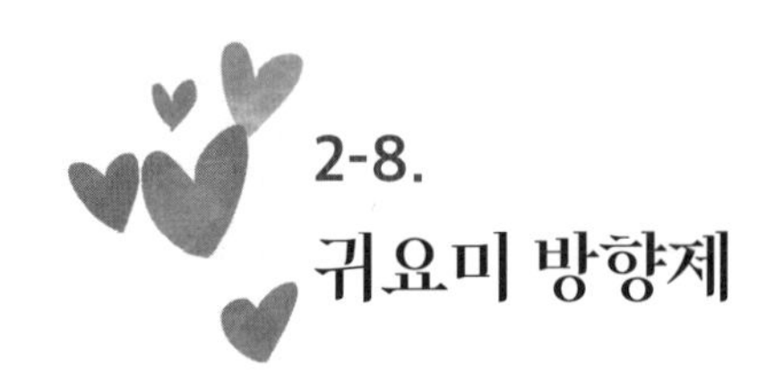

2-8.
귀요미 방향제

아내와 함께 코스트코에 갔다가 방향제를 샀다.

나 : "여보, 우리 방향제 새로 사야 하지 않아?"
아내 : "응, 방향제 사야지~ 오! 이거 너무 귀엽다. 이걸로 살까?"
나 : "맞네, 너무 귀엽네. 귀여운데 향기도 좋다. 이걸로 하자."
아내 : "방향제 필요했는데 귀여운 걸로 사니까 좋다.^^"

방향제 하나로 즐겁게 웃을 수 있어서 좋았다. 우리 부부는 소소한 곳에서 행복을 자주 찾는다. 작은 것에서 기쁨을 자주 느끼는 편이다. 방향제도 귀여운 걸 샀더니 기분이 두 배로 좋아진다. 별것 아닌 것 같지만 일상에서 얻는 행복이 삶의 활력소가 될 때가 많다. 장을 보고 집에 돌아오는 길에 커피 한 잔을 산다.

나 : "여보, 우리 집에 가는 길에 스타벅스 들러서 커피 한잔 살까?"

아내 : "응, 너무 좋지! 커피 마시고 싶었는데~ 센스쟁이.^^"
나 : "그럼 드라이빙으로 고고싱!"
아내 : "나는 아이스 아메리카노로 할게~"
나 : "응, 나도 아이스 아메리카노로.^^"

돌아오는 길에 스벅에 들러서 받은 커피로 둘 다 함박웃음이 되었다. 장을 보면 조금 걸어야 하기 때문에 집에 돌아올 때면 늘 목이 마르다. 그래서 커피 한잔을 하면 참 기분이 좋아진다. 대단한 것은 아니더라도 일상 속에 이런 소소한 행복이 크다. 아내와 함께 장을 보고 집에 돌아오는 길은 늘 즐겁다. 작은 마음을 쓰는 배려가 서로의 사랑을 더 키운다.

장을 보러 갈 때마다 나는 참 행복하다. 장 보는 시간 동안 아내와 이런 저런 이야기를 나눈다. 일상에서 주는 행복이 가장 크다는 걸 느낀다. 아내는 내가 좋아하는 걸 보면 "여보, 이거 여보가 좋아하는 거다. 하나 사자~"라고 말하며 카트에 담는다. 그리고 조금 가다가 "어! 이거 여보가 좋아하는 거다. 하나 사야지~"라고 나도 화답한다.

이렇게 장을 볼 때 아내가 좋아하는 거 하나, 내가 좋아하는 거 하나, 딸이 좋아하는 거 하나씩 구매한다. 서로를 위하는 마음이 전해지는 장 보기 시간은 그래서 늘 즐겁다.

우리는 행복을 너무 멀리서 찾으려 한다. 사실 행복은 가까이에 있다. 일상이 행복이 되는 경우가 자주 있다. 그래서 평소 생활 속에서 행복을 찾으려는 노력이 필요하다.

행복은 멀리 있는 게 아니다. 내가 사랑하는 가족의 웃는 모습, 행복해하는 얼굴을 볼 때 행복하다. 그 행복을 마음껏 느끼며 살아가는 나와 여러분이 되었으면 좋겠다.

Summary

부부의 이해의 출발은 서로에 대한 사랑을 먼저 표현하는 것이다. 좋아하는 것을 먼저 구매해서 선물해 주고, 맛있어 하는 음식을 남편(아내)을 위해서 구매하는 것이다.

이해는 받아들이고 용서하는 감정으로 알고 있지만 부부 간의 이해는 사랑을 먼저 행동으로 표현하고 먼저 사랑을 마음으로 드러내는 것이 아닐까?

부부가 서로에게 먼저 사랑을 주면서 살아가면 오늘보다 더 행복한 내일을 만들어 가는 아름다운 부부가 될 것이다.

3.

배려

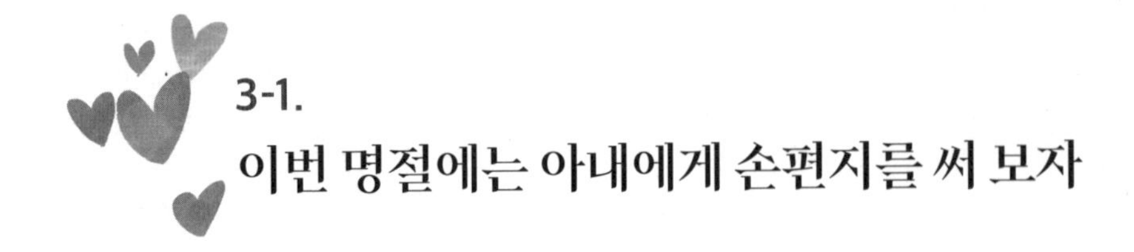

3-1. 이번 명절에는 아내에게 손편지를 써 보자

올해 명절에는 '마음의 여유'를 조금씩 더 가져 보자. 각자의 고민은 잠시 접어 두고 가족을 생각하는 시간을 가져 보면 좋을 것 같다. 평소에 고마운 아내에게 **"고마워"**, **"사랑해"**란 표현을 하고 마음을 담아 편지 한 장 써 보자. 결혼 생활도 15년을 해 보니 무엇보다 표현이 중요하다는 것을 느낀다.

말보다 글이 더 마음을 전달하기 좋다. 평소에 하지 못한 말들을 편지에 적어 전해 주면 말 한마디에 담지 못한 평소의 진심들을 전달할 수 있다. 해마다 아내의 생일, 결혼기념일 그 외 편지로 마음을 전하는 시간들을 합치면 4~5회 정도 손편지를 쓰는 것 같다.

편지를 통해 전하는 진심은 늘 묵직한 감동이 담긴다. 덕분에 글에 생기가 있고 스토리가 적힌다. 그 생생함이 때론 서로에게 뭉클한 고마움으로 남는다.

손편지의 사전적 의미는 손으로 직접 쓴 편지다. 손으로 직접 쓴 게 중요하다. 디지털 시대로 전환되면서 이메일이 일상화되었지만 이메일로는 손편지만의 감성을 느낄 수 없다. 감정이 고스란히 실린 정성 들여 쓴 글씨를 받아 볼 수 있는 손편지는 선물 그 이상의 가치가 있다.

명절에는 일도 하지 않는다. 그럼 편지를 쓸 시간이 없다는 평소의 핑계를 더 이상은 댈 수 없다. 그러니 이번 기회에 한번 편지지와 펜을 손에 들어 보자. 그리고 편지를 쓰는 것이다. 마음에 있지만 잘 표현하지 못했던 말들을 적어 보자,

'To 사랑하는 나의 아내 ○○에게'라고 편지를 시작해 적어 보자. 그동안의 고마운 마음들을 한가득 담아 편지를 적어서 보내면 아내에게 감동 두 배의 명절을 선물할 수 있다. 명절의 고단함을 남편의 편지 한 장으로 훨훨 날려 버릴 수 있다면 한번 해 볼 만한 가치가 충분히 있는 행동 아닐까?

이번 추석에는 사랑하는 아내(가족)에게 손편지를 써서 진심을 전해 보자. 그 작은 행동으로 행복을 가까이 데리고 오는 지혜로운 사람이 되자. 행복은 우리 가까이에서 우리를 기다리고 있다.

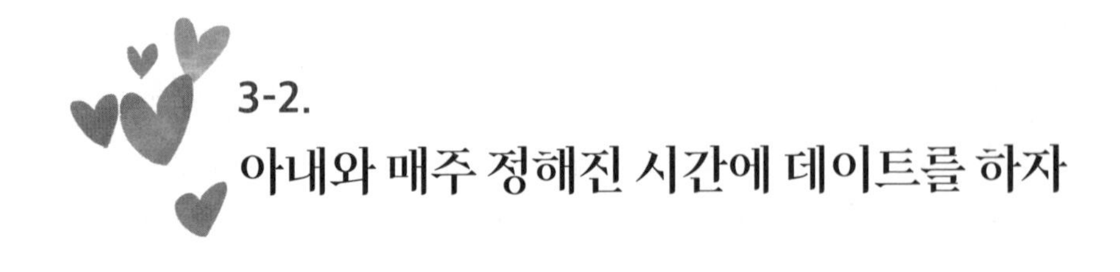

3-2.
아내와 매주 정해진 시간에 데이트를 하자

아내와 정해진 시간에 데이트를 하자. 결혼을 하지 않은 연인이라면 주말을 정해 꼭 한 번은 데이트를 하는 시간을 정하고 만나는 것이 좋다. 필자는 2010년에 결혼해 이 루틴을 지켜 오고 있다. 정해진 시간에 아내와 진중한 대화를 나누는 습관을 들이면 서로를 동반자로 느끼며 기분 좋은 기다림의 시간을 가질 수 있다.

부부는 참 많이 다르다. 그래서 더 대화가 필요하다. 20년 이상을 다른 환경에서 살다 만난 두 사람이 잘 맞는 게 이상한 것이다. 잘 맞지 않는 부분을 맞추며 살아가는 것이 부부다. 앞으로 살아갈 60~70년을 위해 잘 맞추고 이해하고 배려하며 맞춰 가기 위해 대화가 필요하다. 신혼 3년간 다툼의 시간을 보내면서 느낀 건 상대를 바꾸는 것보다 내가 바뀌는 것이 빠른 방법이라는 점이었다.

상대의 모습을 이해하고 내가 그 모습에 맞게 맞춰 가면 부부관계에는 평화와 기쁨이 찾아온다. 내가 원하는 것을 양보한 것을 느낀 아내는 나의 배려에 반응해 나를 배려하는 모습을 보여 준다. 자연스럽게 부부관계가 좋아진다. 그때부터 대화하는 시간을 더 늘려 가면 좋다. 신혼 때는 대화를 해도 싸움을 했다. 생각의 크기, 생각의 바운더리가 나에게 초점이 맞춰져 있었기 때문이다.

초점을 상대방으로 바꿀 필요가 있다. '내가 이렇게 할 때 이렇다'가 아니라 '내가 이렇게 행동하면 상대가 어떤 마음이 들까?'로 접근해 보면 생각보다 쉽게 가족 간의 이해와 배려를 통한 화합을 이끌어 낼 수 있다. 이를 통해 부부 간에 사랑의 감정을 키워 갈 수 있게 되는 효과도 얻을 수 있다.

> 부부에게는 서로의 다름을 이해하는 시간이 필요하다.
> - 알파

서로의 다름을 이해하고 받아들여야 화목한 관계로 잘 살아갈 수 있다. 이것은 **첫 번째로 서로의 다름을 인정하는 것에서 시작한다. 두 번째, 다름을 알아 가는 대화가 필요하다**. 다름을 인정한 후에는 서로가 어떻게 다른지 알아 가는 시간이 필요하다. 그래서 매주 정해진 시간에 대화의 시간을 가지라는 것이다.

우리 부부는 꼭 주말에 저녁 시간을 대화의 시간으로 정해 놓고 스케줄을 잡지 않는다. 온전히 서로를 위한 시간으로 남겨 두는 것이다. 바쁘다는 것은 핑계다. 그 시간에 바쁜 일을 만들지 않으면 된다. 워라밸의 시대에 주 5일제 근무인데 주말 저녁 시간을 만들 수 없다는 것은 부부관계보다 우선하는 무언가가 있다는 말이 되기 때문이다.

부부는 다르다. 그걸 인정하고 들어가면 싸움이 반으로 줄어든다. 필자가 아내에게 자주 하는 말이 있다. "여보, 조금 더 자세히 알려 줄래?" 이를테면 이런 것이다. "음식물 쓰레기 버려 줘." 보통의 아내는 이렇게 말한다. 그런데 남편은 '음식물 쓰레기를 어떻게 버려야 하지?'라는 생각을 한다.

이럴 때 현명한 아내는 이렇게 말해 주면 된다. "여보, 음식물 쓰레기에 물기가 있으니까 흐르지 않게 물기를 제거해 주고 서랍에 비닐이 있으니까 거기 넣어서 현관 앞에 쓰레기 장에 가서 음식물 쓰레기통에 음식 비우고 비닐은 비닐 수거함에 버려 줘~"라고 말이다. 남자는 그렇다. 이렇게 자세히 말해 주지 않으면 실수한다.

바구니에 담긴 음식물 쓰레기를 그냥 들고 밖으로 달려간다. 잘 버리고 왔다고 칭찬 듣고 싶은데 아내는 이미 화가 나 있다. 음식물 쓰레기 물이 바닥에 뚝뚝 떨어져 청소를 또 해야 하는 상황이 벌어지기 때문이다.

이 시대의 아내들이여, 귀찮더라도 남편에게 조금 더 설명을 하자. 조금 더 자세하게 알려 주고 부탁하자. 내 남편이 달라지는 경험을 하게 될 것이다. 이 시대의 남편들이여, 아내의 말에 귀를 기울이자. 조금 더 자세히 묻자. 내가 모른다는 것을 인정하고 받아들이면 더 좋은 부부관계를 만들어 갈 수 있다.

배려와 이해는 사소한 부분에서 나온다. 아내의 마음, 남편의 마음이 다르다. 그것을 하나로 만들어 가는 과정이 결혼이며 그 결혼 생활을 행복하게 만들기 위해 대화가 필요한 것이다. 대화의 시간을 늘려 사랑하는 사람과 한 번 사는 삶을 더 행복하고 감사한 시간들로 만들면 더없이 좋은 것 아닐까?

아내와 매주 대화의 시간을 갖자. 그리고 다름과 틀림을 이해하고 서로 다른 부분에 대해 알아 가도록 하자.

3-3.
아내의 배려

올해로 결혼한 지 15년 차가 되었다. 문득 아내가 차려 주는 밥상을 보니 온통 내가 좋아하는 것들이다. 가만히 생각을 해 보았다. **'언제부터 내가 좋아하는 것들 위주로 반찬이 있었던 거지?'** 놀랍게도 결혼 초창기부터 아내가 나의 식성을 파악했던 기억이 난다. 3년 동안은 아내와 투닥거리며 의견 충돌로 시간을 보냈음에도 불구하고 그때부터 아내는 나를 **배려**해 왔던 것이다.

너무도 당연하게 여기던 것들이 나의 가장 소중한 사람의 수고와 이해 그리고 배려로 가능했다는 사실을 다시 한번 자각했다. 그래서 아내의 손을 꼭 잡고 말해 주었다. **"여보, 고마워. 내가 좋아하는 것들로 늘 따뜻한 밥상을 차려 줘서. 그리고 사랑해"라고. 아내는 "뭘, 좋아하는 걸 해 주고 여보가 잘 먹으면 나도 그걸로 행복해. 맛있게 먹어. 나도 사랑해"라고 말해 준다.**

"사랑해"라는 단어는 마법 같은 단어다. 두고두고 아껴 두지 말자.

매일 말해 주자. 써도 써도 닳지 않는 보석 같은 단어다. 사용할수록 빛이 난다.

- 알파

고마운 마음은 행동으로 옮기라는 선배님들의 말씀에 따라 아내에게 물었다. "오늘 저녁은 여보가 먹고 싶은 거 먹자. 뭐 먹을까?"라고 하니 기다렸다는 듯이 말한다. "사실 오늘 내가 꼬막을 먹고 싶었는데 거기 같이 가자"라고 한다. 우리 부부는 그렇게 꼬막 정찬 집을 가서 식사를 했다. 아내가 좋아하는 음식을 함께 먹으며 "여보가 맛있게 먹으니 나도 더 맛있네"라고 하니 아내가 "먹고 싶은 데 데려와 줘서 고마워"라고 한다.

부부 사이에도 마음을 솔직하게 자세히 표현해야 한다. 그래야 서로의 생각이 잘 전달된다. 부부 사이가 된 지 오래되었다고 '내 마음을 다 알겠지'라고 생각하는 것은 금물이다. 말해 주지 않아도 아는 것은 신의 영역이다. 우리는 그저 서로의 마음을 더 잘 알기 위해 노력하고 더 많이 사랑한다고 말해 주면 되는 보통 사람들이다.

아내에게 혹은 남편에게 한번 말해 주자. **"여보, 당신이 있어서 나 너무 좋아. 늘 고마워. 사랑해"**라고 말이다.(사랑한다고 말하는 데 돈이 들지 않는다.) 늘 내 위주인 아내에게 먹고 싶은 음식을 한번 대접하자.(아내는 사랑받기에 충분한 사람이다.)

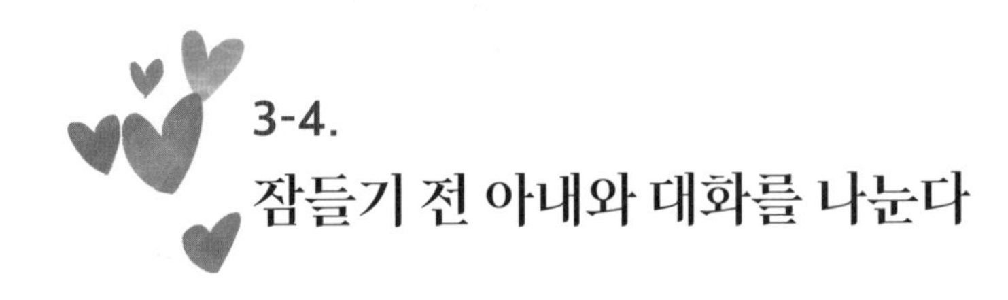

3-4.
잠들기 전 아내와 대화를 나눈다

잠들기 전에 우리 부부는 대화를 한다. 그날 하루의 일을 정리한다. 딸과 있었던 일을 얘기한다. 회사에서 있었던 일을 얘기한다. '하루에 무슨 일이 그리 많이 일어나지?'라고 생각할 수 있다. 마무리를 하려고 이런 얘기, 저런 얘기 하다 보면 시간이 금방 지나간다.

15년 차 부부인 우리에게 가장 행복한 시간을 꼽으라고 하면 수면에 들어가기 전에 대화를 나누는 이 시간이다. 딸이 잠이 들고 나면 고요한 시간이 찾아온다. 고요함 속에 이야기를 한 스푼, 두 스푼 올린다. 어느덧 이야기가 더해져 풍성한 요리가 된다. 연애 시절 이야기, 결혼 이야기, 신혼 초 이야기로 꽃을 피운다.

아내와의 대화로 행복에 접속한다. 설 던 감정들이 이야기 속에 차곡차곡 쌓인다. 결혼할 때 신랑인 나는 그렇게 좋았다. 너무 웃고 다녀서 친구들이 "결혼하는 게 그렇게 좋나?"라고 물을 정도였다.

난 15년 전으로 돌아가면 아내와 꼭 결혼할 것이다. 날 이렇게 사랑해 주는 사람을 놓치고 싶지 않다. 어제 식사하다가 내가 왼쪽 한 번, 오른쪽 한 번 보자 아내가 말했다. "목마르지? 물 여기 있어." 눈빛만 봐도 내가 원하는 걸 아는 아내가 있어 너무 감사하다. 난 아내를 세상에서 제일 사랑한다.

행복은 서로 깊이 사랑하는 부부 사이에 태어난다. 그걸 잘 키워 주면 인생이 즐거워진다. 우리 부부는 차이와 다름을 이해하며 대화로 삶을 풀어 가고 있다.

혹, 부부관계에 어려움을 느끼는 사람들이 있다면 권해 줄 해답이 있다.

첫째, 대화하는 시간을 가져라.
둘째, 대화하는 시간을 늘려라.
셋째, 말하는 시간보다 듣는 시간을 늘려라.
넷째, 상대를 바꾸려 하지 말고 나를 바꿔라.
다섯째, 진심으로 사랑해라♡

부부가 서로 사랑하면 세상에서 제일 행복한 사람이 된다.
- 알파

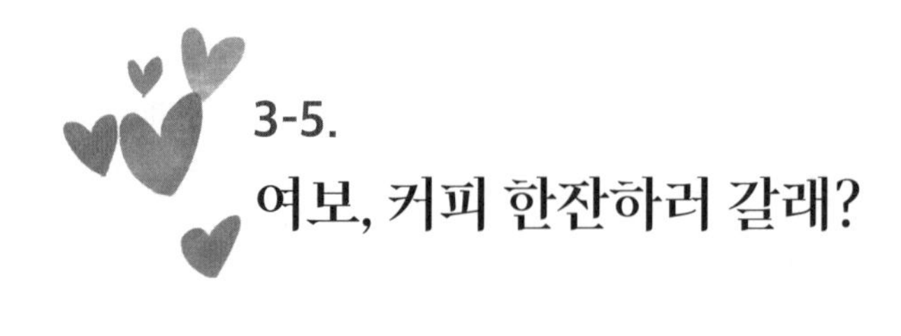

3-5.
여보, 커피 한잔하러 갈래?

우리 부부는 종종 커피를 마시러 간다. 대화의 장을 열러 가는 시간이다. 가까운 곳을 갈 때도 있고, 경치가 좋은 곳을 찾아갈 때도 있다. 중요한 건 "여보, 커피 한잔하러 갈래?"라는 말로 주기적으로 데이트 신청을 하는 것이다. 부부 사이에도 온전한 대화 시간이 필요하다.

자녀가 없는 공간에서 둘만을 위한 의사소통 시간 말이다. 감사하게도 우리 집과 5분 거리에 장모님 집이 있다. 우리 둘의 데이트 시간엔 장모님이 딸을 봐주신다. 혹은 딸이 학교를 간 시간에 데이트를 하기도 한다.

시간이 없다는 핑계를 내려놓고 나면 부부의 시간을 확보할 수 있다. 늘 함께 같은 공간에 있다고 해서 서로의 마음을 모두 아는 것이 아니다. 그래서 '무슨 생각을 하는지', '요즘 컨디션은 어떠한지'에 대해서 대화를 해야 한다. 커피를 마시러 가면서 대화를 나눈다.

아내 : "오늘 좀 피곤해 보이네. 따뜻한 히비스커스 차 마실래?"

나 : "응, 여보. 어제 도면 작업한다고 늦게까지 일해서 그런가 봐."

아내 : "응, 나도 어제 여보랑 같이 늦게 자서 그런지 피곤하네. 나도 차로 할게."

나 : "이렇게 둘이서 차 마시니까 좋다."

아내 : "따뜻한 차가 피로 회복에 좋다네."

나 : "응, 우리 오늘은 피곤하니까 몸에 보양 되는 걸로 식사할까?"

아내 : "그래, 그럼 여보 좋아하는 미역국 먹으러 가자."

나 : "여기 경치가 너무 좋네. 오션뷰라 그런지 스트레스가 풀린다."

아내 : "그러니까. 여보랑 같이 있어서 더 좋네.^^ 사랑해."

나 : "나도 사랑해~"

차를 마신 후 식사를 하고 집으로 돌아왔다. 둘만의 시간에 일상을 나누지만 그 속에 배려가 있음을 알 수 있다. 서로의 피곤함 정도를 체크해 주고 건강을 신경 써 준다. 나를 아껴 주는 사람이 있다는 것이 큰 위로가 된다.

부부는 서로의 에너지를 끌어올려 주는 최적의 동반자다. 마음껏 아껴 주고 사랑해야 한다. 평소에 "사랑해"란 표현을 더 자주 하자. 표현에 인색한 부부들이 의외로 많다.

표현도 연습이 필요하다. "사랑해"라는 표현을 계속하다 보면 더 자연스럽게 표현할 수 있다.

처음엔 어색할 수 있다. 매일 "사랑해"라고 말하다 보면 더 자주 할 수 있게 된다. '사랑해'라는 단어가 주는 힘이 있다. 그 표현의 따뜻함을 느끼며 살아가는 부부가 되길 바라 본다.

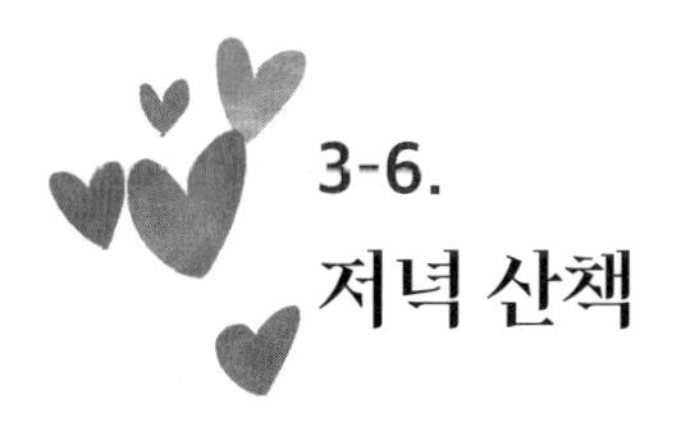

3-6.
저녁 산책

이른 퇴근을 한 날은 바깥바람을 쐰다. 딸과 아내와 함께 산책을 하면서 올리브영에 잠시 들렀다. 마침 세일을 하고 있어서 필요한 물건들을 샀다.

필요한 걸 사고 나니 30m 거리에 있는 공차가 보인다. 각자가 좋아하는 음료수를 하나 사고 즐거운 발걸음으로 집으로 돌아온다. 돌아오면서 아내와 이런 대화를 나눴다.

나 : "여보, 저녁에 잠시 같이 나와서 이렇게 산책하니까 좋네."
아내 : "응, 내가 좋아하는 공차 사 줘서 더 행복해.^^"
나 : "그렇게 좋아? 자주 사 줄게.^^"
아내 : "여보랑 이렇게 걸으니까 너무 좋네."
나 : "그러게. 소소한 행복이 사실 가장 큰 것 같아."
아내 : "맞아, 시간 날 때마다 우리 이런 소소한 행복을 자주 즐기자~^^"

소소한 행복에 포커스를 맞춰 보니 정말 그랬다. 가족과 함께 시간을 보내는 것 그 시간 자체가 행복을 만든다. 특별히 힘줘서 무언가 하지 않아도 되는 편안함 속에 기쁨이 있었다. 잠시 30분 정도 집 주변을 걸으며 좋아하는 음료를 한잔하는 시간 속에 즐거움이 있었다. 퇴근이 조금 빠른 날에는 자주 밖으로 나가 산책을 한다.

그 시간이 잔잔한 물결처럼 마음을 터치한다. 편안함이 주는 무드가 있다. 가족은 말하지 않아도 느껴지는 감성들을 너지할 수 있다. 그래서 너무 편안하다. 표정을 보면 어떤 생각을 하는지 읽을 수 있다. 덕분에 산책 시간은 늘 즐겁다. 모두가 행복해하는 걸 눈으로 보고 느낄 수 있기 때문이다.

일상에서 행복을 쌓아 가자. 꼭 어디를 다녀와야만 즐거운 경험을 할 수 있는 것이 아니다. 우리가 살아가는 일상 속에서 기쁨을 충분히 누릴 수 있다.

> 사랑이란 서로 마주 보는 것이 아니라 둘이서 똑같은 방향을 내다보는 것이라고 인생은 우리에게 가르쳐 주었다.
> - 생텍쥐페리

생텍쥐페리의 명언을 생각해 볼 필요가 있다. 잠깐의 산책이 똑같은 방향을 내다보게 한다. 사소한 배려가 같은 곳을 볼 수 있는 힘을 준다. 부부는 그렇게 사랑을 키워 가야 한다. 그 사랑의 힘으로 어려운 일도 이겨 내고 기쁜 일은 함께 행복할 수 있다. 그렇게 서로 이해하고 배려하고 사랑하며 살아가는 부부가 행복한 삶을 살아갈 수 있다.

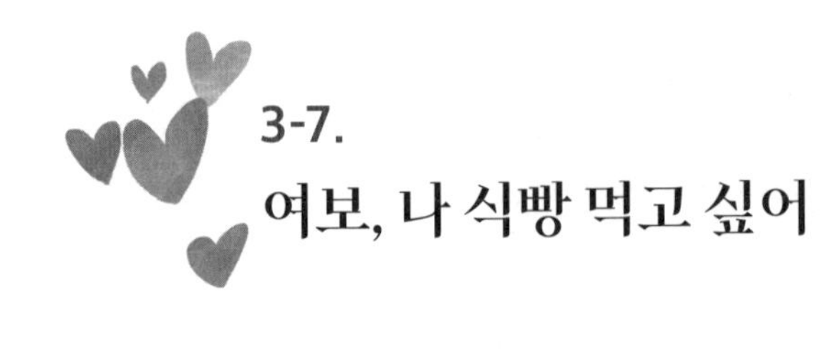

3-7. 여보, 나 식빵 먹고 싶어

저녁 8시 50분, 아내가 좋아하는 동물 모양 식빵을 먹고 싶다고 한다.

아내 : "여보, 나 전에 먹었던 동물 모양 식빵이 먹고 싶어~"

나 : "그래? 그럼 드라이브 할 겸 나가 볼까?"

아내 : "근데, 갔는데 식빵이 없거나 다 판매되었으면 어떻게 하지?"

나 : "그래도 괜찮아~ 여보랑 데이트했다고 생각하면 되니까.^^"

그렇게 차를 타고 10분 거리의 베이커리를 왔다.

아내 : "여보, 동물 식빵이 있어! 와~ 신난다."

나 : "그렇게 좋아?"

아내 : "응, 정말 좋아. 신난다!!!^^"

나 : "그럼 진작 이야기를 하지."

아내 : "아, 여보 피곤할까 봐 말할까 말까 고민했어."

나 : "그랬구나. 늘 내 생각해 줘서 고마워. 사랑해."

아내 : "나도 사랑해. 내가 먹고 싶어 한다고 밤에 바로 나와 줘서 나 너무 행복해.^^"

우리의 대화가 따뜻함으로 채워진다. 잠깐의 드라이브와 동물 식빵 덕분에 참 행복한 밤이다. 부부 사이라면 조금 더 양보하고 배려할 필요가 있다. 원하는 것을 흔쾌히 들어주자. 내 편이라는 생각이 더 커진다. 그럼 부부 사이에도 위하는 마음이 더 커진다. 그런 마음들이 모여 서로를 행복한 사람으로 만든다.

결혼하고 한동안 우리 부부는 서로를 '내 사람♡'으로 저장해 두었다. 전화를 할 때마다 내 사람이라는 단어를 보게 된다. 단어가 주는 어감 덕분에 늘 서로를 소중하게 여길 수 있었다.

지금 우리는 '겸둥마눌♥', '여보당신그대♥'라는 이름으로 저장이 되어 있다. 우리 부부는 전화를 자주 한다. 그래서 더 사랑을 키우기에 좋다.

작은 호칭 하나도 서로에게 맞는 시그니처를 만드는 것이 좋다. 세상에 하나밖에 없는 소중한 것으로 만들어 보자. 나의 아내(남편)는 내게 정말 소중한 사람이다. 그래서 더 잘해야 한다. 있을 때 잘하라는 말이 있다. 이 말이 생긴 의미와 이유에 대해 생각해 봐야 한다.

내가 존재하는 목적은 단 한 사람에게 필요한 사람이 되기 위해서다.
- 비 파트나

비 파트나의 명언이 참 와닿는다. 한 사람에게 잘하는 것이 존재의 목적이자 이유가 될 수도 있다. 누구나 한 번 자신에게 주어진 호흡으로 삶을 살아간다. 그 내용은 전부 다르다. 어차피 살아갈 삶이라면 조금 더 따뜻하게, 조금 더 아름답게 살아가면 더 좋은 것 아닌가?

아내(남편)를 위해 보자. 부탁을 하면 잘 들어주고, 필요한 게 있다고 하면 구해 주자. 그게 그렇게 어려운 일이 아니다. 그저 한 번 더 움직이면 된다. 아내는 작은 것에 감동한다. 피곤해할 때 "여보, 피곤하지? 오늘도 수고 많았어"라고 따뜻하게 말 한마디 해 주는 것에 감동한다.

마음을 표현하는 작은 손편지에 행복을 느낀다. 설거지를 대신해 줄 때 표정이 밝아진다. 아내가 좋아하는 것을 함께해 보자. 그럼 서로 더 행복한 부부 생활을 이어 나갈 수 있게 된다.

필자가 운영하는 블로그의 이웃 님 중 한 분이 기분 좋은 별명을 붙여 주셨다. **'결혼 장려 블로거'**다.

참 기분 좋은 별명이다. 그렇다. 필자는 결혼을 장려한다. 함께하면서 행복을 채워 가는 삶이 얼마나 값진지 알기 때문이다.

2010년 시작한 우리 부부가 처음부터 모든 게 잘 맞았던 건 아니다. 결혼 초기에는 서로 합을 맞추는 시기를 보냈다. 그렇게 서로를 알아 가면서 지금은 둘도 없는 친구, 애인, 부부가 되었다. 여러분도 행복한 결혼 생활을 이어 나갔으면 좋겠다. 당신의 행복한 결혼 생활을 응원한다.

Summary

같은 방향을 바라보고 살아가는 것이 부부라는 사실을 잊지 말아야 한다.

15년 전으로 다시 돌아가도 아내와 다시 결혼하고 싶은 필자는 큰 축복을 받은 사람이다.

사실, 축복받은 사람이 필자만 있는 것이 아니다. 이 글을 읽고 있는 여러분도 얼마든지 그럴 수 있다. 아내(남편)를 배려하는 마음을 행동으로 매일 표현하면서 살아가면 가능해진다.

4.
인내

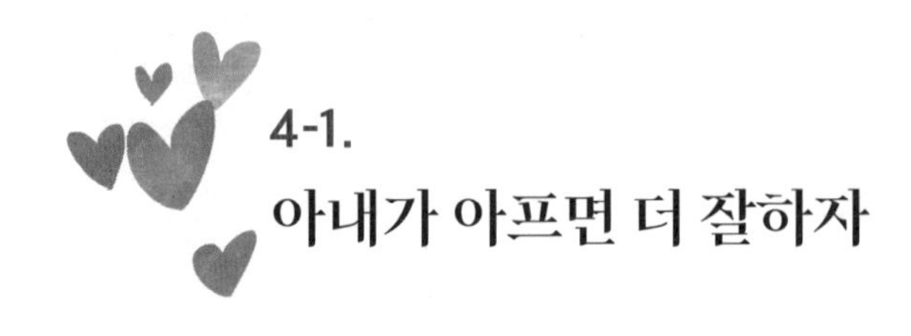

4-1.
아내가 아프면 더 잘하자

아내에게 잘하자. **아내가 하는 말을 잘 들으면 자다가 떡이 생긴다.** 이런 말을 자주 들어 봤을 것이다. 언제나 아내(남편)에게 잘해 줘야 하지만 가장 중요한 타이밍은 역시 아플 때다.

하루는 아내가 몸살이 났다. 사람은 아프면 마음이 약해지고 쉽게 상처받는다. 또 피곤하기에 짜증이 나기도 한다. 이럴 때 '내가 널 사랑해'라는 걸 보여 주는 것이 남편의 행동이다.

아내가 아플 때는 특히 내가 할 수 있는 **'화장실 청소'**와 **'분리수거'**에 신경을 쓴다. 플라스틱, 비닐, 종이 등 비울 것이 많다. 화장실 쓰레기통, 마스크 쓰레기통, 생활 쓰레기통 등 비워야 할 쓰레기통이 많다.

아내가 아플 때는 더 이런 부분에 신경을 쓰려 한다. +α가 가능하다면 설거지도 같이 하면 좋다.

평소 일 때문에 아내를 잘 돕지 못하는 남편들이 많다. 나도 그랬고 여전히 그렇다. 그래서 생각한 게 하루만 시간을 내어 보는 것이다. 이걸 적용해서 일주일 중 딱 하루만 시간을 내어 보자. 7일 중 하루는 그렇게 어려운 일이 아니다.

주 5일제가 일반화된 요즘 토, 일은 휴식이 주어지는 경우가 대부분이다. 바쁘다는 핑계를 대기보다는 '언제 아내를 도와줄 수 있지?'를 생각해 보면 더 빠른 답을 찾을 수 있다. 아내가 아플 때 남편의 도움은 큰 칭찬을 유발한다.

아픈 아내를 돕고 들은 말이다.

아내 : "여보가 도와줘서 너무 고마워. 사랑해."
나 : "^^여보가 아프니까 더 신경 써야지. 나도 사랑해."

'사랑'은 행복을 유발하는 너무 따뜻한 단어다. 사랑한다는 말을 자주 하고 자주 듣는 것만큼 행복한 게 있을까? 더구나 내가 사랑하는 내 아내(남편)에게 사랑을 표현하는 건 더 좋은 일이다.

화장실 청소, 분리수거, 설거지의 3단 콤보를 마친 후 아내의 사랑한다는 말에 힘입어 청소기도 한번 밀어 본다. 요즘 무선 청소기가 너무 잘 나온다. 예전에는 줄이 있어서 불편했는데 요즘은 어디든 청소기만 들고 움직이면 된다.

청소를 하면서 생각했다. **'아내가 청소하느라 많이 힘들었겠구나. 종종 도와줄 수 있을 때 더 신경 써야지'**라고. 사랑은 이해와 배려를 바탕으로 성장한다.

누가 봐도 행복해 보이는 가정이 그냥 생겨나는 것은 아니다. 세상에 그냥 이루어지는 일은 없다. 부부관계도 마찬가지다. 서로를 위하는 마음을 키워 가며 노력해야 한다. 남편이 날 위해 주는데 아내가 남편을 위하는 마음이 생기는 게 당연하나. **'가는 말이 고와야 오는 말이 곱다'**는 속담은 그냥 생겨난 것이 아니다.

늘 서로를 애틋한 마음으로 바라보는 부부 사이가 되고 싶은가? 그렇다면 오늘부터 실천해 보자. 아내의 할 일들을 하나씩 도와주는 것이다. 반대로 남편에게 사랑받는 아내가 되고 싶은가? 남편이 필요로 하는 것을 들어주자. 조금 더 양보해 주고 위해 주자.

서로를 향한 이쁜 마음들이 더해져 갈 때 부부의 사랑은 깊어질 수밖에 없다. 우리 부부도 종종 다툰다. 그럴 땐 꼭 대화의 시간을 길게 가진다.

대부분의 부부 싸움은 아주 사소한 것들이 재료가 되어 발생한다. 그 속을 깊이 들여다보며 이야기를 나누다 보면 각자의 마음과는 다른데 다툼으로 이어진 걸 알 수 있다. 그럴 땐 대화가 큰 힘이 된다는 사실을 기억하자.

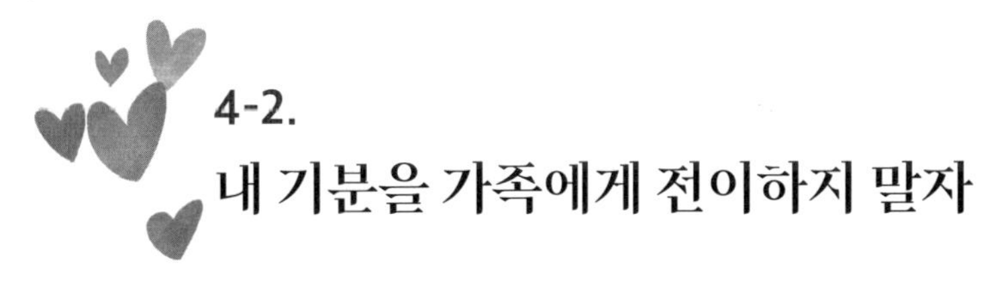

4-2.
내 기분을 가족에게 전이하지 말자

가끔 컨디션이나 기분이 나쁠 때가 있다. 누구나 그런 경험이 한 번쯤은 있을 것이다. 일터에서 학교에서 기분 나쁜 일을 경험하고 가족에게 그 기분을 전이한 경험 말이다. 일을 할 때 잘 풀리지 않으면 기분이 나빠진다.

고객과의 소통이 잘되지 않을 때, 프로젝트가 마음대로 흘러가지 않을 때, 의도하지 않는 변수가 발생했을 때 등 다양하다. 스스로 이 기분을 잘 컨트롤해서 좋은 기분으로 바꿔서 집에 퇴근하면 베스트다.

누구나 공감하겠지만 이게 잘 안 된다. 그래서 종종 아내에게 감정을 전이하곤 한다. '내가 오늘 기분이 나빠. 그러니까 날 이해해 줘'라는 속마음이 있는 행동을 한다. 왜 그러는지를 모르는 아내는 당황스럽다. 아침에 기분 좋게 나갔던 남편의 기분이 나빠진 걸 온몸으로 알게 되니 말이다.

이럴 때는 어떻게 해야 할까? 고백하자면 사실 나도 노력 중이다. 이게 참 쉽지 않은 영역이다. 기분이 나쁜데 그걸 어떻게 풀고 올 수 있을까?

그 고민을 해 보니 내가 내린 답은 아래와 같다.

1. 감정 컨트롤을 해 본다.
2. 단단해진다.
3. 대화를 통해 스트레스를 내려놓는다.
4. 독서
5. 글쓰기

1) 감정 컨트롤을 해 본다

감정을 한번 다스려 보는 것이다. 나빠진 기분은 어떻게 할 수가 없다. 이럴 때는 좋은 생각, 클래식 음악, 선호하는 인기 가요를 듣기도 한다. 잠시 그 상황에서 빠져나와서 감정을 터치해 주려 노력한다. 그러면 앞에 있었던 일들을 잠시 내려놓을 수 있는 여유가 생긴다.

2) 단단해진다

사실 나도 제일 이렇게 되고 싶다. 고목은 가지는 흔들려도 나무 자체는 굳건히 서 있다. 흔들리지 않는 나무같이 되는 것이다. 불필요한 말들에 영향을 받지 않는 단단한 사람이 되는 것이다. '그럴 수 있지' 하면서 넘어가는 마음의 여유를 가진 사람이 되는 것이다.

이건 쉽지 않다. 그래서 여전히 필자도 노력 중이다. 경험을 더해 가면서 가능해질 수 있는 영역이라 본다.

3) 대화를 통해 스트레스를 내려놓는다

아내와 대화를 한다.

나 : "여보, 오늘 나 이런 이런 일이 있어서 기분이 안 좋아졌어. 그래서 조금 예민한데 감정을 가라앉히도록 노력해 볼게."

아내 : "응, 무슨 일이 있었어?"

나 : "응, 오늘 진행하던 프로젝트에 문제가 좀 생겨서 심란하네."

아내 : "아, 그렇구나. 잘 해결될 수 있도록 기도할게. 여보, 힘내!"

나 : "응, 고마워. 여보랑 대화하고 나니까 한결 낫네.^^"

아내 : "응, 난 언제나 여보 편이니까~! 사랑해."

위로의 대화가 주는 힘이 있다.

"잘 해결되길 바란다."

"사랑해."

이 두 마디면 불편하던 감정이 다 사라져 버린다. 누군가 날 사랑하고 내 편이 있다는 게 얼마나 큰 위로가 되는지 모른다.

4) 독서

독서가 모든 스트레스 해소 방법 중 가장 탁월한 효과가 있다는 통계 자료가 있다. 정말 감정 컨트롤이 힘들 때 독서를 한번 해 보자. 독서를 하면 저자의 생각을 읽는 데 집중하게 된다. 그 시간과 만나는 것만으로 기분 나쁜 감정을 사라지게 할 수 있다.

5) 글쓰기

글쓰기는 내 감정을 조절하기에 좋은 방법이다. 감정 컨트롤이 전혀 안 된 상태에서는 글쓰기가 힘들다. 그래서 나쁜 감정을 조절한 후에 글쓰기를 하고 있다. 글을 쓰면서 생각을 정리하고 좋은 생각을 글로 옮기려 노력한다. 그럼 좋은 생각으로 인해 나빴던 기분이 더 빠르게 회복된다.

정리하면서 적어 보니 누구나 할 수 있는 것이 **감정 조절**이다. 이게 알면서도 참 쉽지 않다. 그래서 실천적 노력이 필요하다. 누구나 감정이 쉽게 요동한다. 똑같은 경험을 어떻게 대처하느냐에 따라 전혀 다른 사람이 될 수 있다.

나도, 여러분도 더 노력해서 내 나쁜 기분을 가족에게 전이하지 않도록 노력해 보자. 한 단계 더 발전하면 +α로 내 좋은 기분을 가족에게 전달하자. 우리 가족의 행복이 곧 나의 행복이다.

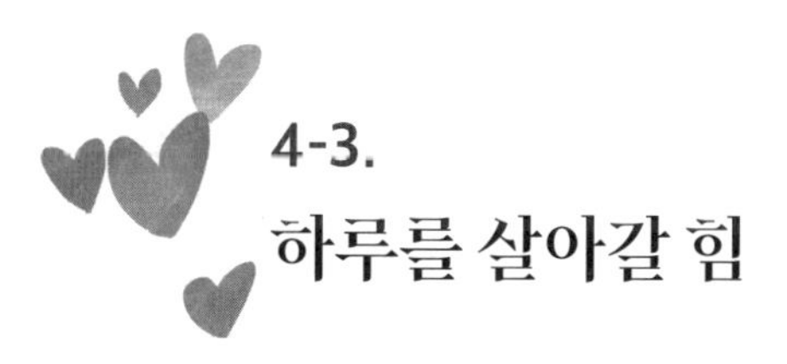

4-3.
하루를 살아갈 힘

나에게 하루를 살아갈 힘을 주는 건 가족이다. 아내와 딸과 함께 행복한 시간을 보낼 때 힘이 난다. 시간이 날 때마다 아내와 자주 데이트를 한다. 그래서 우리 사이는 늘 더 사랑스럽다.

"저녁에 잠을 함께 자면 아직 신혼이야." 누군가 이런 말을 했다. 곰곰이 생각해 보니 그 기준이면 우리는 아직 신혼이었다. 결혼 15년 차 부부가 아직 신혼처럼 행복하게 살아간다는 것 자체가 너무 감사하다. 우리 부부는 서로 같은 시간에 함께 누워 잠을 잔다. 아내에게 팔베개를 해 주고 어깨를 토닥거리면서 잠에 든다.

생각해 보면 서로에 대한 이해와 배려의 마음이 있다. 서로가 자는 타이밍이 다를 수 있다. 그럴 땐 한쪽이 기다려 주면 된다. 우리 부부는 서로가 자기 전에 대화를 나눈다. 이런저런 하루의 일상을 이야기하면 힘이 난다. 내 이야기를 들어 주는 사람, 나의 편이 있다는 것이 얼마나 큰 힘이 되는지 모른다.

치열한 환경 속에 살아가는 우리는 매일을 살아갈 힘이 필요하다. 그 힘은 부부 간의 사랑에서 나온다. 부부의 사랑을 키우는 방법은 대화를 자주 하는 것이다. 그 시간을 통해 '내가 얼마나 당신을 사랑하는지 알지?'라는 표현도 하면 더 좋다.

그리고 잠들기 전에 이렇게 한마디 하자. "여보, 오늘도 정말 수고 많았어. 여보 덕분에 참 행복한 하루였어"라고 말이다. 따뜻한 말 한마디에서 뿜어져 나오는 에너지의 힘이 상당하다.

사랑은 더 자주 표현해야 한다. 가까울수록 더 말하자. "사랑해"라고 말하자. 그 한마디가 주는 힘이 크다. 사랑을 주고 받는 시간 덕분에 하루를 넉넉히 살아갈 힘을 얻을 수 있다.

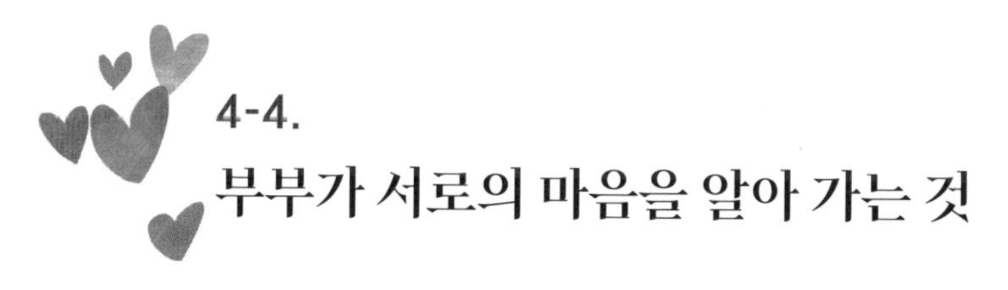

4-4.
부부가 서로의 마음을 알아 가는 것

매 주일 자기 전 아내와 대화의 시간을 가진다. 한 주간 동안 서로에게 하고 싶었던 이야기들과 나눠야 하는 에피소드에 관한 내용을 공유한다. 고민할 내용은 함께 고민해 보고, 함께 해결해야 할 부분들은 같이 생각해 본다. 어느 주의 주제는 글쓰기 책 제목에 대한 내용이었다. 여러 가지 고민을 하니 조금 더 좋은 보기들이 만들어지고 있다.

아내와 함께 건설적인 고민을 하는 시간이 늘 감사하다. 아울러 딸의 중학교 진학에 관한 이야기도 깊이 있게 나누었다. 부부가 함께 삶을 나누고 함께 고민하고 살아가는 것이 얼마나 감사한 일인지 늘 느낀다. 바쁘게 한 주를 살아가지만 주일 정해진 시간에 마음에 여유를 가지고 대화의 시간을 가져야 한다. 휴대폰이 울리지 않는 시간에 대화를 나누는 것이 중요하다.

평일에는 바쁜 업무로 인해 대화의 흐름이 끊기는 경우가 많다. 그래서 대화의 시간을 주일 저녁으로 설정했다. 우리 부부는 늘 대화를 많이 한다. 주일 저녁에는 특히 깊이 있는 대화를 나눈다. 그래서 관계가 더 깊어진다. 서로에 대해 더 알아 가게 된다. 참 감사한 것은 서로의 취향을 스스로보다 더 잘 알 때가 있다는 것이다.

좋아하는 음식, 꽃, 날씨 등 나도 모르는 내용을 아내가 알 때가 있다. 마찬가지로 아내가 모르는 내용을 내가 알 때가 있다. 서로를 그만큼 잘 알아 가려면 깊은 대화의 시간이 필요하다. 독자분 중 이런 질문을 주신 분이 계셨다. "알파 님은 아내분과 다투지 않으세요?"라는 질문이었다.

물론, 나도 아내와 다툴 때가 있다. 부부는 가까운 사이라서 더 쉽게 다투게 되는 것 같다. 다툴 때마다 화해하려 노력한다. 다투는 것보다 더 중요한 게 화해다. 서로의 생각이 다르면 의견이 부딪힐 수 있다. 그때 다퉜다면 반드시 그다음 스텝인 화해로 마무리를 지어야 한다.

다툼 중에 말로 상처를 줬다면 반드시 "미안해"라고 사과해야 한다. 요즘 우리 부부는 다투면 그날 꼭 화해하고 잔다. 그래야 다음 날 응어리가 남지 않는다. 그리고 사과 다음 한마디를 더 붙이려고 노력하고 있다. "미안해, 사랑해"라고 한다. 의견은 부딪힐 수 있지만 사랑의 마음은 그대로다.

사랑하는 마음 덕분에 맞지 않는 의견도 합쳐 나갈 수 있다. 모든 부부에게 다툼은 필연적으로 따라오는 걸지도 모른다. 하지만, 그대로 방치하면 곪아서 썩게 된다. 그래서 다투는 상황이 왔을 때 현명하게 사과해야 한다. 그리고 사랑을 표현하고 아름답게 마무리 지어야 한다.

'화가 나서 마인드 컨트롤이 안 되면 어떻게 해야 하나?'란 생각이 드는 분들이 있을 것이다. 이 부분과 우리는 치열하게 다퉈야 한다. 아내에게 자존심 부리고 싶은 마음, 그저 이기고 싶은 마음을 다스려야 한다. 그런 노력을 하면서 살아갈 때 부부의 사랑이 더 깊어질 수 있다.

쉽지 않다. 그렇다고 불가능한 것은 아니다. 쉽지 않지만 먼저 사과하고 사랑한다 말할 때 부부관계는 더 깊어질 수 있다. 먼저 사과하는 용기, 먼저 사랑한다 말하는 따뜻한 마음을 가진 사람이 되자. 그게 바로 부부가 행복해지는 길이다.

나도 매번 그러려고 노력하고 있다. 안 될 때도 있지만 될 때도 있어서 감사하다. 그래서 매번 아내에게 오늘보다 내일이 더 나은 내가 되려고 노력 중이라고 말한다. 잘하려고 했는데 안 될 때는 사과하자. 그리고 인정하자. "이번에는 내가 조금 부족했어. 다음엔 더 잘하도록 해 볼게. 미안해, 사랑해. 여보"라고 말해 보자. 그럼 다음엔 조금 더 잘할 수 있는 여력이 생긴다.

그렇게 하루, 이틀, 1년, 10년, 20년 쌓아 가다 보면 둘도 없는 부부 사이를 만들 수 있게 된다. 아름다운 부부는 하루아침에 만들어지지 않는다. 서로에 대한 이해와 배려 그리고 깊은 사랑을 매일 쌓아 갈 때 만들어진다는 것을 명심하자.

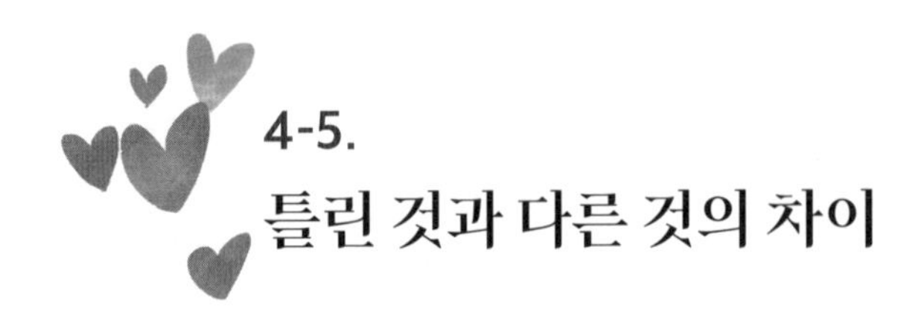

4-5. 틀린 것과 다른 것의 차이

신혼 3년 차까지 결혼 생활이 만만치 않았다. 독자분이 이런 질문을 주셨다. "작가님은 언제부터 아내분과 +의 영역을 보며 살아가게 되신 거예요?"

생각해 보니 3년 이후부터 아내와 +와 -를 생각하지 않게 되었다. 부부는 그냥 +였다. 계산할 필요가 없는 사이, 내 편이기 때문이다.

이 차이는 **틀림과 다름의 차이**를 깨달으면서부터다. 생활양식, 습관, 성격 등 모든 부분이 달랐다. 20년 이상 다른 환경에서 살아왔기에 당연한 것이었다. 정말 뜨겁게 사랑하는데 잦은 다툼을 하는 상황이 너무 답답해 우리 부부는 어느 날 식탁에 앉아서 깊은 대화의 시간을 가졌다. 대화의 결과, 다툼의 이유는 서로의 다름을 틀림으로 인식하고 있어서였다. 그래서 이런 솔루션을 실천하기로 했다.

1. 이해가 되지 않는 상황이 발생할 경우 우선 대화를 통해 이유를 확인할 것

2. 마음이 상하거나 감정이 좋지 않을 때는 마음을 진정시키고 기분이 좋아질 때까지 기다려 주기
3. 이해되지 않는 행동을 했을 때는 그 이유를 물어볼 것
4. 바꿨으면 좋겠다 생각이 드는 행동은 서로 데이트를 가서 기분 좋을 때 의논해서 결정하기
5. 결정된 사항이 잘되지 않을 때는 화내지 않고 좋게 말해서 바뀔 수 있도록 기다려 주기
6. 서로 사랑한다는 사실을 잊지 말고 늘 '사랑해, 고마워'라는 표현을 자주 하기
7. 바뀔 수 있는 것과 바뀔 수 없는 것을 구분해서 이해해 주기
8. 상대를 바꾸려 하지 말고 내가 바뀌기
9. 계산하지 말고 더 많이 사랑해 주기
10. 시간이 날 때마다 편지를 써서 마음을 표현하기

이렇게 10가지 솔루션을 대화를 통해 낼 수 있었다. 이대로 실천해 보니 초반에 또 다른 문제점이 있었다. 싸우니까 10가지 약속이 다 무용지물이 되는 경험을 했기 때문이다. 그래서 +α로 하나 더 약속했다. '다투면 반드시 하루해가 지기 전에 화해하기'를 추가했다.

그리고 화해한 후에 10가지 약속을 서로 다시 확인하며 서로에게 미안하다 말하고 사랑한다 말한 후 수면에 들어간다. 우리 부부가 금실이 좋은 이유는 서로를 위하는 마음으로 노력하기 때문이었다. 독자분 덕분에 지난 시간을 복기해 볼 수 있는 시간이라 감사하다.

우리 부부의 솔루션이 다른 부부들에게도 도움이 되었으면 좋겠다. 우리 부부는 이 솔루션을 지키며 살아가려고 노력하고 있다. 이 땅에 모든 부부가 다투면서 살아간다. 하지만 다투는 시간보다 서로 사랑하고 이해하고 아껴 주며 살아가는 시간이 훨씬 많다.

극히 일부분의 부정적인 부분을 키워 그 부분만 보는 실수를 하지 말자. 부부는 사랑의 공동체다. 서로 사랑해서 행복으로 나아가는 부부관계를 만들어 가시길 소망한다.

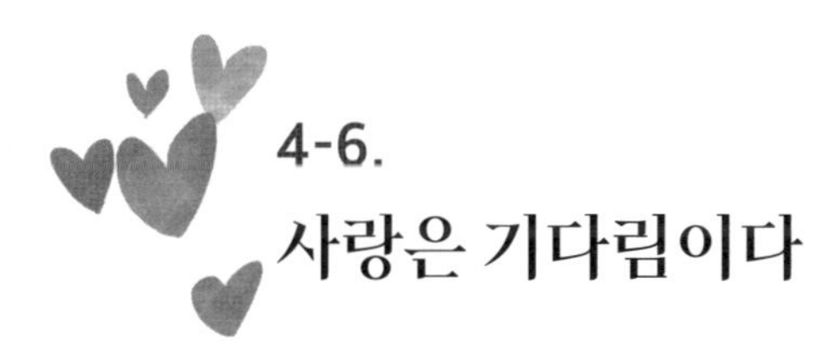

4-6.
사랑은 기다림이다

사랑은 기다림이다. 상대방의 결점이 보완될 때까지 기다려 주는 것이다. 신혼 초에 아내가 나를 참 많이 기다려 줬다. 현재의 내 모습과는 다르게 둥글둥글한 면보다 뾰족한 면이 많았다. 아내는 뾰족한 면이 둥글둥글해질 때까지 기다려 줬다. 나는 하고 싶은 말은 해야 하는 성격이었다. 틀린 것은 말해야 했고 잘잘못을 가려야 하는 성격이었다.

그럴 때마다 아내는 "여보 생각도 맞는데 그럴 수도 있지 않을까?"라는 말로 생각의 폭을 넓혀 주었다. 흑과 백을 보는 시야를 넓혀서 다른 것들도 있음을 생각하게 해 주었다.

날 사랑하는 마음으로 기다려 준 것이다. 이제는 뾰족함보다는 둥글함이 더 많아졌다. 이제는 까칠함보다는 부드러움이 낫다는 것을 알기 때문이다. 이렇게 변화하기까지 아내가 많이 기다려 주었다. 서로 기분이 좋을 때 커피숍에 앉아서 진솔한 이야기를 나눴다. 생각이 다를 수 있음을 이야기하며 공감했다.

그렇게 더 좋아 보이는 것들로 방향성을 정하고 걸어왔다. 조금씩 변화될 수 있었다. 모난 부분이 깎이고 둥글어지는 과정을 경험했다. 이제는 마음에 들지 않는 상황을 만날 때 '그럴 수도 있지'라는 말을 할 수 있게 되었다. 하고 싶은 말을 바로 하지 않은 아내 덕분에 나는 이렇게 변할 수 있었다.

누군가를 사랑하는 것은 기다려 주는 것이다. 요즘엔 내가 더 아내를 기다려 줄 때도 있다. 건강하고 열정이 넘치는 나는 종종 체력이 약한 아내를 기다릴 때가 있다. 어딘가 특별히 아픈 건 아니지만 체력적으로 약하다. 그럴 땐 내 템포가 아니라 아내의 템포에 맞춰야 한다. 함께 산책을 가면 같은 속도로 걸어가는 것이 중요하다.

혼자 빨리 갈 수 있다고 가 버리면 그 산책은 하지 않은 것보다 못한 게 된다. 사랑은 기다리는 것이다. 상대방을 이해하고 배려하며 함께 가는 것이다. 남편(아내)이 마음에 들지 않는 부분이 있다면 바꾸려 하지 말자. 변화될 수 있게 응원하고 대화하면서 기다리자. 변화될 때까지 인내하는 게 사랑이다.

잘못을 지적하며 바꾸라고 말하는 것은 내 마음이 편하자고 하는 것이지, 사랑이라 보긴 어렵다. 시간이 지나 보면 알게 된다. 아내가 얼마나 날 위해 오래 기다려 줬는지를 깨닫는다. 그 사랑이 얼마나 큰 것인지 알게 된다.

이제 나도 아내를 기다릴 수 있게 되었다. 그래서 우리는 서로를 더 기다리고 사랑하며 살아간다. 덕분에 늘 신혼처럼 서로의 얼굴을 보고 활짝 웃으며 살아가고 있다. 누군가가 그랬다. 사랑의 유효기간은 3년이라고 했다. 맞는 말이다. 단, 매일 3년을 갱신하면 그 유효기간은 영원할 수 있다. 1,095일이 지나야 사랑의 유효기간이 끝난다.

그런데 시작점을 매일 바꾸며 새로운 날을 맞으면 사랑의 유효기간은 늘 생기가 넘친다. 여러분의 사랑도 그랬으면 좋겠다. 사랑은 거저 얻어지는 것이 아니다. 아내(남편)를 향한 존중과 이해, 배려와 양보가 어우러져 사랑이 된다. 먼저 주고 먼저 이해하는 사랑을 해 보자. 아내(남편)를 기다리는 사랑을 해 보자.

당신의 삶이 행복으로 채워질 것이다.

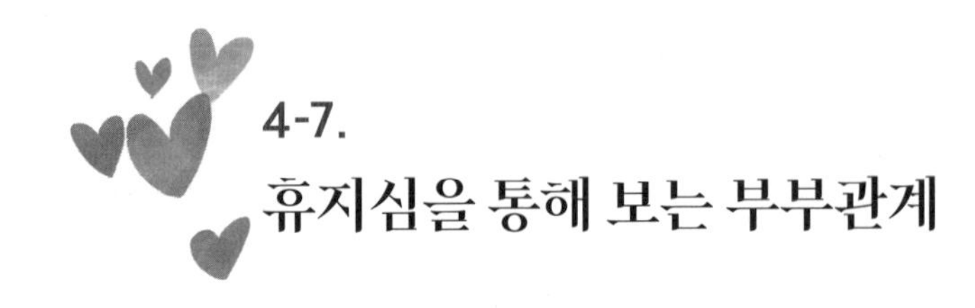

4-7. 휴지심을 통해 보는 부부관계

휴지심을 다 써 가면 먼저 정리하는 센스를 가져 보자. 그렇게 하면 아내에게 사랑을 전해 줄 수 있다. 그 간단한 행동 하나만으로 아내는 충분한 사랑을 느낄 수 있다.

이번에도 어김없이 휴지심을 정리하고 나오는데 그 모습을 본 아내가 이런 말을 한다.

아내 : "여보, 요즘 여보가 휴지심을 잘 치워 줘서 너무 기분이 좋아. 날 배려하고 사랑해 주는 게 느껴져."

나 : "그랬어? 여보가 지난 결혼 생활 동안 계속 얘기한 건데 어느 순간 '이제 이거 진짜 신경 써야겠다'라는 생각이 들더라고. 불편한 마음을 표현해도 되는데 그동안 여보가 날 참 오래 기다려 줬구나 하고 생각하게 되니 참 감사했어."

아내 : "그랬구나. 내가 기다린 걸 아는 여보도 참 멋져."

나. : "휴지심을 보는데 그런 생각이 들더라고, 왜 진작 배려하

지 못했나 하고 말야."

아내와 나눈 대화를 보면서 사소한 배려가 부부관계를 만든다는 생각을 했다. 큰 게 아니라 작은 것, 거기서 모든 출발이 시작했다. 상대방의 배려에 고마워하는 것이 중요하다. 부부는 사소한 배려를 당연한 것으로 받아들일 수 있다. 그건 큰 실수다.

세상에 당연한 건 없다. 당연히 상대방의 사랑을 바라는 건 아무것도 하지 않고 성공하고 싶어 하는 마음과 같다. 부부관계가 깊어질수록 필요한 것은 노력이다. 서로를 위한 사랑을 표현하려는 실천적 노력이 필요하다.

"사랑해, 고마워"라고 매일 말해야 한다. 거기서 한 뼘 더 나아가 내가 얼마나 당신을 사랑하는지 행동으로 표현하며 살아가야 한다. 살아 보니 그 행동은 참 간단한 것에서 출발했다. 설거지 한 번, 휴지심 먼저 버려 주기, 새 휴지 수납장 안에 넣어 놓기, 청소기 돌리기 등 작은 집안일인 경우가 많았다.

작지만 결코 작지 않은 일을 먼저 해 보자. 그럼 아내의 얼굴엔 미소가 피어난다. 내가 사랑하는 사람을 웃게 할 수 있는 일이라면 망설일 필요가 없지 않은가?

아내와 휴지심에 대한 이야기를 나누면서 결국엔 사랑이란 생각을 했다. 그 사랑이 있어야 기다림도 배려도 이해도 가능했다. 필자는 매일 아내와 사랑을 키워 가고 있다. 2010년 결혼 후 지금까지 오늘보다 내일 더 사랑하는 삶을 살아가고 있다. 내가 특별해서 그런 게 아니다.

그저 결단했다. 아내와 매일 조금 더 행복한 삶을 살아가겠다, 아내와 더 깊이 사랑하는 삶을 살겠다고 마음먹었다. 당신은 어떤가? 나와 가장 오랜 시간을 함께할 사람이 배우자다. 혹시, 남의 편 정도로 생각하고 있지는 않은가? 그렇다면 이 글을 보고 생각을 바꿔 보자.

작은 생각의 변화가 인생을 바꾼다. 대단함은 매일 쌓은 작은 것들이 모여 만들어진다.

부부 간의 사랑도 매일 쌓은 것이 결실이 되는 경우가 많다. 사랑하라. 서로 더 사랑하라. 이렇게 사랑할 수 있나 싶을 정도로 사랑하라. 그 사랑이 당신을 더 행복하게 할 것이다.

Summary

저녁에 함께 잠드는 우리 부부가 여전히 '신혼 부부'라는 말을 들었다.

참 감사하고 행복한 말이다. 신혼 때 아내에게 한 약속이 있었다. "여보, 우리 매일 조금씩 더 사랑하면서 살아가자"란 말이었다. 서로를 향한 사랑의 크기를 매일 조금씩 더 키워 가자는 말이었다.

15년이 지난 우리 부부는 2010년보다 훨씬 더 서로를 사랑하는 부부가 되었다.

서로의 미숙한 것들을 기다려 주고 아껴 주고 사랑하면서 살아가면 더 큰 사랑이 있는 부부가 될 수 있다.

5.

존중

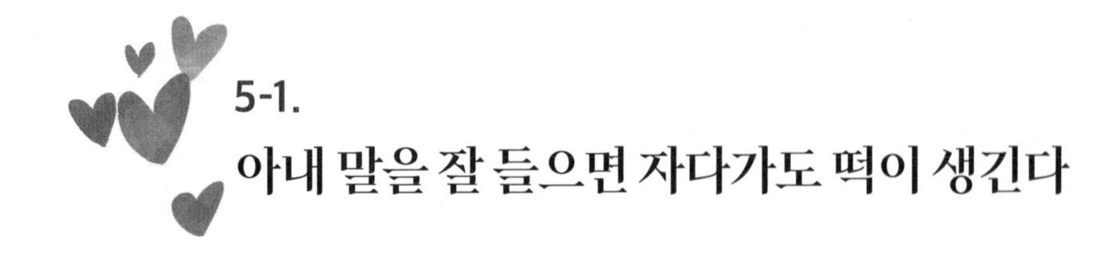

5-1.
아내 말을 잘 들으면 자다가도 떡이 생긴다

결혼은 서로 다른 두 사람이 만나 마음을 맞추며 인생을 함께 살아가는 것이다. 아플 때나, 슬플 때나, 건강할 때나, 기쁠 때나, 어느 때든지 서로 위해 주고 아껴 주고 사랑하며 살아가는 것이 부부다. 주례할 때 자주 듣는 멘트다.

"부부는 살아가면서 서로에게 가장 큰 버팀목이다."

버팀목은 외부의 힘과 압력에 굴복하지 않고 맞서게 해 주는 것이다. 부부에겐 이런 힘이 있다. 아내에게 참 고마운 게 많다. 늘 응원해 준다. 무슨 일을 하겠다고 해도 믿고 지원해 준다. 여러 가지 생각들이 들 수 있는데 잘할 수 있다며 응원해 준다. 이런 응원이 모여 큰 힘이 된다.

벌써 결혼 15년째이니 시간이 참 빠른 것 같다. 신혼 초 우리는 사소한 것들로 다툰 적이 많다. 그렇다. 20년 이상을 다르게 살아왔기에 다를 수밖에 없다. 그런데 신혼 때는 그걸 모르고 상대방이 틀렸다며 바꾸려는 무모한 시도를 한다.

신혼 때 2~3년의 기간 동안 살면서 다투고 대화하면서 서로를 이해하는 방법을 배우게 되었다. 다르다는 것을 조금씩 깨달았다. 남녀의 성향도 다르지만 각 사람마다 가진 성향이 다르다. 개개인의 캐릭터가 다 다르기에 서로를 알아 가는 시간이 필요했다. 그런데 신혼 초에 그런 과정 없이 아내를 모두 나에게 맞추려고 했으니 당연히 힘든 시간을 보낼 수밖에 없었다.

우리 부부는 대화를 많이 한다. 그리고 이해하려 노력하고 배려하려 애쓴다. 그 결과 싸우는 횟수가 현격히 줄어들고 마음 상할 말은 하지 않게 되었다. 다름을 이해하고 포용하려 노력하게 되었다.

시간이 지나고 보니 아내가 하는 말이 대체로 다 맞다는 것을 알게 되었다. 10년 이상을 함께 살다 보니 아내의 지혜가 적재적소에 필요함을 느낀다. 아무래도 내가 보지 못하는 걸 볼 수 있어서 그런 것 같다.

특히 딸을 육아하면서 엄마의 지혜를 본다. 아빠가 따라갈 수 없는 모성애와 한 수 위의 모습들이 있다. 기다리고 인내하고 사랑하는 것에서 나보다 나음을 본다. 삶에서 어떤 사람들과 관계를 해 나갈 때 "이런 말보다는 이렇게 말하면 어떨까?"라고 권해 주면 대부분 아내의 말이 더 낫다.

신혼 때는 무지하여 이런 아내 말을 듣고 화를 내거나 날을 세웠던 기억이 난다. 참 어리석었던 내 모습이다. 남편보다 아내들이 더 지혜롭다. 대체로 그렇다. 그 지혜를 잘 경청해 내 것으로 만드는 것이 현명한 남편이 되는 길이다.

2010년 결혼을 하기 전 내 모습을 돌아보면 지금보다 덜 멋지고 부족함이 더 많은 사람이었다. 자기 감정에 솔직해 상대방을 배려하지 못했고 자기 주장이 너무 강해 아내의 감정을 상하게 할 때도 많았다.

아내는 나에게 그런 디테일을 알려 주었고 많이 변화할 수 있었다. 지금은 상대방을 생각해 하고 싶은 말을 참기도 하고 상대방의 감정을 헤아리기 위해 내 생각과 달라도 함께 이해하며 갈 때가 있다.

우리는 그렇게 성장해 간다. 그 성장의 그림 속에 아내의 조언이 들어가면 내 모습이 훨씬 멋있어진다.

아내 말을 잘 들으면 자다가도 떡이 나온다. 아내의 조언은 지혜의 말이니 일단 듣고 그대로 해 보자.

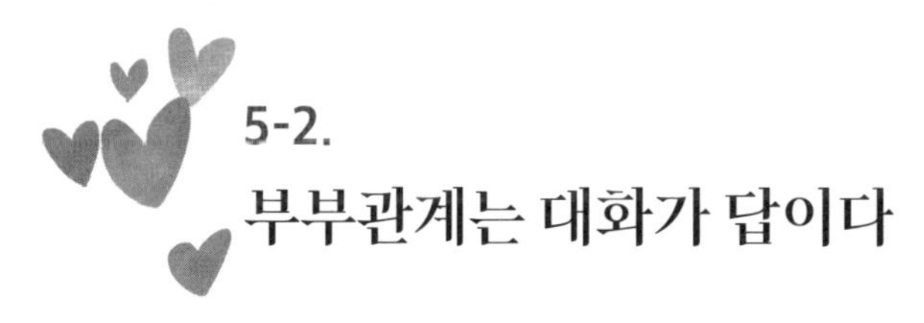

5-2.
부부관계는 대화가 답이다

부부관계는 대화가 최우선 순위다. 부부는 20년 이상을 다른 환경에서 살아왔다. 앞으로 살아갈 시간이 3배 이상은 될 것이기에 서로 다름을 이해하고 배려하는 시간이 필요하다.

무엇보다 중요한 것은 대화의 시간을 자주 갖는 것이다.

결혼은 신이 우리에게 주신 선물이다. 남편과 아내로 한 가정을 이루고 살아간다는 것이 얼마나 감사한 일인지 모른다.

아내는 늘 내 편,
남편도 늘 내 편.

이 공식을 생각하면 너무 감사하다.

서로 다른 사람이 만나

한 가정을 이루고
서로를 위하고 아끼며
사랑하며 행복한 시간을 만들어 가는 것이
부부관계다.

이런,
건강한 부부관계를 만들어 가는 방법이
바로 대화다.

대화의 중요성은 강조, 또 강조해도 지나치지 않다.

서로의 생각을 들여다봐야 한다. 관심을 가지는 노력이 필요하다.

오늘 무슨 일이 있었는지?
어떤 생각을 하는지?
어떤 불편함이 있는지?
어떤 기분 좋은 일이 있었는지?
미소 짓는 일은 어떤 것이었는지?
인상 쓰게 한 일은 무엇인지?

카메라로 피사체를 촬영하듯이 집중해서 서로에게 관심을 가지고 대화해야 한다. 나에게 관심이 있구나. 내 마음을 알아주는구나. 역시 내 남편(아내)은 내 편이구나. 이런 마음을 가지고 부부관계를 해 나가야 한다.

부부도 한쪽만 주는 관계가 되면 지친다. 자녀 때문에 살아가는 안타까운 부부들을 종종 본다. 그런 상황들을 만들지 않으려면 더 대화에 노력을 기울여야 한다. 그렇게 건강한 부부관계를 만들어 가는 것이다.

•

> 부부 생활은 길고 긴 대화 같은 것이다. 결혼 생활에서 다른 모든 것은 변화해 가지만 함께 있는 시간의 대부분은 대화에 속하는 것이다.
>
> - 니체

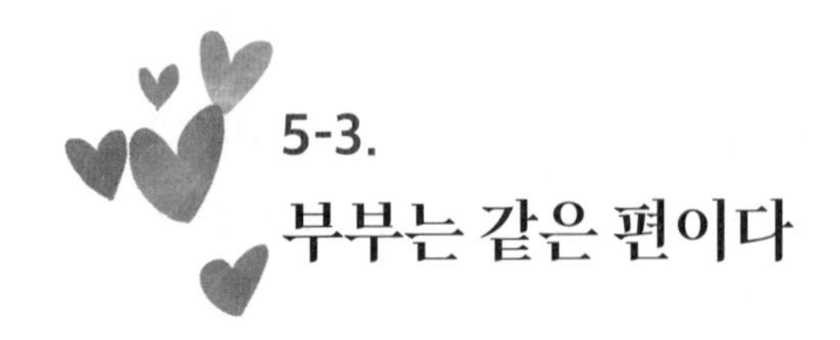

5-3. 부부는 같은 편이다

부부는 같은 편이다. 안타깝게도 요즘 사회를 둘러보면 부부가 다른 편인 경우도 종종 보인다. 모 재벌가의 이혼 기사를 보면서도 안타까움을 느낀다. 부부가 하나 되는 것이 행복으로 가는 지름길인데, 왜들 그렇게 서로를 사랑해 주지 못하는지 안타깝다.

그냥 결심해 보자.
오늘부터 나는 아내를 정말 사랑하겠다.
오늘부터 나는 남편을 정말 사랑하겠다.
마음먹었으면 말로 행동으로 옮기자.

"여보, 사랑해!"라고 말하자. "저녁에 뭐 먹고 싶어?"라고 물어보고 저녁에 먹고 싶어 하는 것을 함께 먹으며 행복을 느끼자. 어쩌면 행복은 너무 가까운 곳에 있음을 망각할 때가 많다. 부부가 같은 편임을 느낄 때 그곳이 지상낙원이 된다. 부부가 다른 편이라고 생각할 때 그곳이 지옥이 된다.

절절히 사랑해서 결혼한 것 아닌가? 결혼 때의 내 모습을 기억해 보면 너무 행복해서 어쩔 줄 몰라 했던 웃는 얼굴이 떠오른다. 당신도 그렇지 않은가? 그때의 기억으로 그때의 감사함으로 그때의 행복으로 배우자를 사랑하자.

종종 모임을 하면 여자들끼리 모이고, 남자들끼리 모일 때가 있다. 이때 어김없이 등장하는 소재는 남편 흉보기, 아내 흉보기다. 제일 바보 같고 어리석은 행동이다.

남편과 아내는 영원한 내 편이다. 비난하고 헐뜯고 단점을 들추어낼 대상이 아니라 사랑하고 이해하고 장점을 더 칭찬해야 할 대상이다. 행복한 부부 생활은 나의 생각 변화에서 시작된다. 아내를 향한 절절할 사랑의 마음, 남편을 향한 절절한 사랑의 마음이 모여 행복이 된다.

헐뜯을 시간에 배우자의 장점을 생각하며 감사한 마음을 가져 보자. 이 생각의 변화가 당신의 삶을 행복으로 이끌어 줄 것이다.

사랑하자. 아낌 없이, 후회 없이 내 배우자를 세상에서 한 명뿐인 소중한 사람을 사랑하자. 내가 살고 있는 오늘은 어제 죽은 사람이 그토록 살고 싶어 했던 소중한 내일이었음을 기억하자. 그렇게 나와 함께하고 있는 내 아내, 내 남편을 후회없이 사랑하며 행복한 삶을 살아가도록 하자.

사랑하는 것은 천국을 살짝 엿보는 것이다.
- 카렌 선드

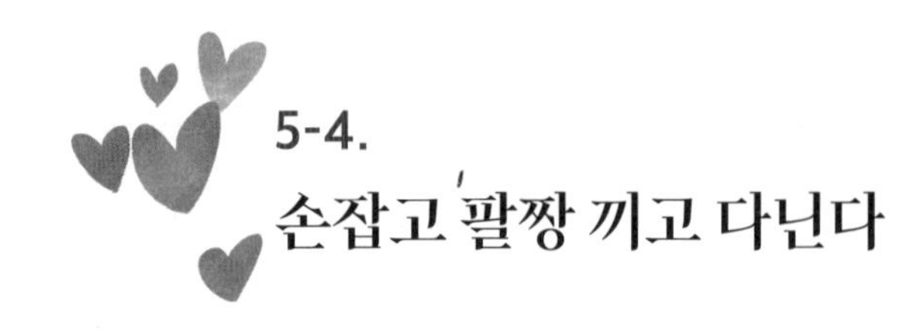

5-4. 손잡고 팔짱 끼고 다닌다

우리 부부는 어디 다닐 때 꼭 손을 잡거나 팔짱을 낀다. 신혼 때 이런 말을 한 적이 있다.

나 : "여보, 우리는 나이가 들어도 계속 손잡고 팔짱 끼고 다니자~"

아내 : "응, 근데 왜 갑자기 그렇게 말해?"

나 : "아, 다니면서 보니까 의외로 남처럼 다니는 부부가 많더라고. 그게 보기 좀 아쉬워서 말야."

아내 : "응, 알겠어. 난 여보가 이렇게 잘 표현해 줘서 좋아."

2010년에 결혼한 우리는 2024년인 지금까지 연애할 때처럼 손을 잡고 걸어 다닌다. 부부는 가까울수록 좋다. 손은 잡을수록 온기가 전해진다. 팔짱을 낄수록 거리감은 더 좁혀진다. "별것 아닌 걸 왜 말하지?"라고 하는 분들이 있을 것 같다. 멋짐은 사소한 것을 잘 챙기는 것에서 출발한다. 두 사람이 가깝게 지내는 게 얼마나 보기 좋은가? 서로 웃고 행복해하는 연인의 모습이 이쁜 것처럼 부부도 마찬가지다.

나와 함께 가장 오랜 시간을 보내는 사람을 아껴 주면 나에게 가장 큰 기쁨으로 돌아온다.

사랑하는 것은 놀라운 힘이 있다. 내가 사랑하는 것을 상대방도 안다. 그래서 그 사랑을 돌려받는다. 오고 가는 사랑 속에 큰 위로와 힘을 얻는다.

세상에 누구 하나 내 편이 없는 것같이 느껴지는 힘든 순간이 있다. 그럴 때 '내 옆의 한 사람이 내 편이다'라는 생각이 얼마나 큰 위로가 되는지 모른다.

결혼 서약에 자주 등장하는 문장들이 있다. "아플 때나, 슬플 때나, 기쁠 때나 언제든지 한결같이 서로 사랑할 것을 약속합니다." 한결같이 사랑하자. 그 사랑을 표현하자. "사랑해", "고마워"라는 말도 좋다. 나아가 손잡고 팔짱 끼는 스킨십도 좋다.

간단한 허깅과 뽀뽀도 좋다. 부부 사이에 필요한 것은 사랑이다. 그걸 얼마나 자주 표현하느냐에 따라 부부의 행복 지수도 달라진다.

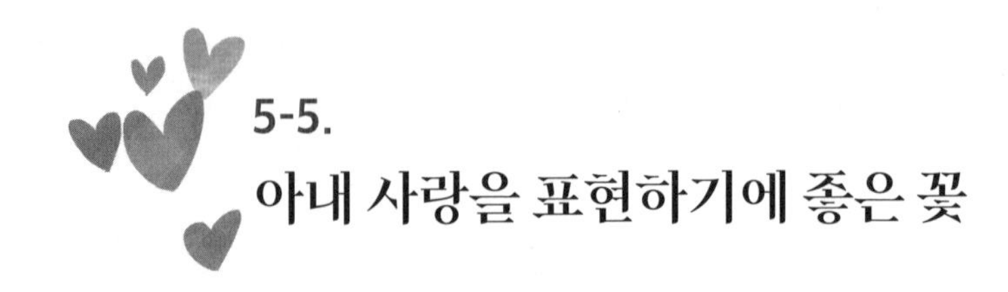

5-5.

아내 사랑을 표현하기에 좋은 꽃

아내들은 사소한 것에서 감동한다. 마음을 담은 선물, 정성이 담긴 편지 그리고 꽃이 잔잔한 여운을 줄 때가 많다. 바쁜 일상 속에서도 아내를 생각해서 무언가를 준비한다는 것이 의미가 있다. 꼭 결혼기념일, 생일 같은 이벤트가 있는 날 이외에도 남편의 정성이 담긴 선물을 아내들을 감동하게 한다. 대체로 남편들은 업무로 인해 바쁘다. 그럼 아내를 더 세세히 챙기지 못하게 되는 것일까?

꼭 그렇지만은 않다. 시간을 내면 된다. 마치 약속한 것처럼 아내를 위한 시간을 빼 두는 방법이 있다. 일주일에 한 시간 정도는 아내를 위한 시간을 만들어 보자. 함께 시간을 보내는 것만으로도 충분히 선물이 될 수 있다.

지나가다가 꽃집이 보이면 들러서 꽃다발을 살 때가 가끔 있다. 노란 장미를 좋아하는 아내에게 퇴근할 때 가져다주었다. 자신을 생각해 주는 남편 덕분에 아내의 미소가 입가에 번진다. 그렇게 행복을 이야기하게 된다.

나 : "여보, 지나가다가 꽃집의 꽃이 너무 예뻐서 여보 생각나서 샀어."

아내 : "와! 노랑 장미꽃이 너무 이뻐. 고마워. 사랑해~"

나 : "응, 나도 사랑해.^^ 꽃이 여보처럼 이쁘다."

아내 : "여보가 최고야!^^ 고마워~"

꽃다발 하나로 집 안의 공기가 달라진다. 행복을 말하게 된다. 특별한 날이 아니더라도 아내에게 꽃다발을 한번 사서 가 보자. 남편의 사랑을 확인한 아내는 누구나 행복을 느끼게 된다. 큰 선물, 큰 움직임을 바라지 않는다. 작은 것, 세심함 그런 것들이 큰 파장을 일으킨다. 나와 가장 오랜 시간을 함께할 인생의 동반자가 아내다. 그런 아내에게 잘하는 것은 정말 현명한 처신이다.

장미꽃을 집에 두고 즐거운 마음으로 잠시 드라이브를 나왔다. 아름다운 광안대교 뷰와 광안리의 야경을 차를 타고 한 바퀴 둘러본다. 바닷가 근처에 산다는 것이 이런 기쁨이 있다. 아내와 종종 백양산 드라이브도 간다. 백양산 중턱에서 광안대교를 바라보는 스팟이 있다. 언제나 아내와 신혼처럼 서로 아껴 주고, 위해 주고, 사랑하며 살아가려 한다.

부부가 서로 사랑하는 것이 가장 큰 행복으로 가는 지름길이다. 아내에게 사랑받고 싶은 남편들이 있다면 퇴근할 때 꽃 한 다발 사 들고 가서 고마움을 표현해 보자. 말해야 알 수 있다. 눈빛만 봐도 알 수 있어도 표현은 따로 해야 한다. 그래야 감정이 다가가 씨앗이 되고 표현으로 그 씨앗이 자라 열매가 된다.

부부 사이에도 사랑의 열매가 있어야 한다. 그 열매가 두 사람을 더욱 행복하게 한다. 편지 한 장, 마음이 담긴 꽃다발 하나가 우리의 삶을 행복으로 이끌어 준다. 이제 한번 실천해 보자. 아내(남편) 사랑을 행동으로 옮겨 보자. 아내들도 마찬가지다. 남편을 위해 보자. 좋은 반찬, 남편이 좋아하는 취미를 함께 즐겨 보자.

그 시간들이 쌓여 두 사람은 더욱 행복하게 살아갈 수 있다.

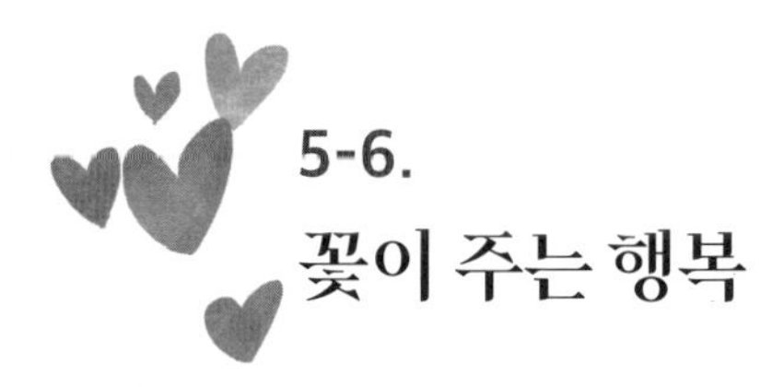

5-6.
꽃이 주는 행복

꽃이 주는 행복이 있다. 화사한 꽃을 보면 기분이 좋아진다. 종종 꽃을 사는 편이다. 아내도 나도 꽃을 좋아한다. 꽃은 기쁜 일이 있을 때마다 선물을 주고받는다. 졸업, 개업, 출간, 입학, 기념일 등 설레는 일들을 축하하는 의미로 꽃을 선물한다. 꼭 특별한 날이 아니더라도 종종 꽃을 사서 아내에게 선물하곤 한다.

가끔은 잠시 멈춰서 꽃을 본다. 피어 있는 꽃의 모양도 이쁘고, 그 속에 품고 있는 색상도 너무 아름답다. 좋은 것을 보면 좋은 생각을 할 수 있다. 가끔은 아내(남편)에게 꽃을 선물해 보자. 마음에 있는 사랑을 꽃을 매개로 해서 전달해 보자. 마음이 꽃으로 전해질 때 서로의 사랑은 더 깊어진다.

날 위해 마음을 써 주는 사람과 함께 살아간다는 것이 얼마나 뭉클한 감동이 있는지 알 수 있다.

특별한 날이 아니더라도 아내에게 종종 꽃을 선물한다. 아내와 함께 데이트를 하다 서로 화장실을 다녀왔을 때의 일이다. 이쁜 꽃을 보고 한 송이를 사서 화장실에 다녀오는 아내에게 선물했다.

나 : "여보, 이거 이쁘길래 하나 샀어. 이쁘지?"
아내 : "오! 여보, 너무 이쁜데. 고마워.^^"

아내가 행복해하는 표정을 보니 사길 정말 잘했구나 싶었다. 요즘은 꽃이 정말 잘 나온다. 몇 년간 시들지 않게 나오는 꽃인데 정말 이뻤다. 아내가 좋아할 것 같다는 생각에 한 송이 샀는데 탁월한 선택이 되었다. 그날의 아내 기분은 최고였고, 데이트도 역시 너무 즐겁게 했다.

아내들이여, 제발 남편이 큰 마음 먹고 꽃을 사 오면 고마움만 표현해 주길 바란다. "이거 왜 사 왔어?"라는 말을 들으면 남편들은 다시는 꽃을 사지 않는다. 그냥 꽃을 사 온 남편의 마음을 순수하게 바라봐 주면 된다.

기분이 무드를 결정한다. 그날의 무드는 그 꽃 한 송이가 이미 해결하고 간 덕분에 따뜻했다. 때로는 말로 표현하는 것도 좋지만 꽃 한 송이로 마음을 표현해 보는 것도 좋다. 세심한 마음이 사랑을 더 자라게 한다. 부부 사이에도 사랑이 자라 갈 영양분이 필요하다.

식물은 주기적으로 물을 주고 햇볕을 보게 해야 건강하게 자란다. 사랑도 마찬가지다. 주기적으로 행복이 필 수 있도록 영양분을 공급해야 한다.

부부 간의 마음을 전달하는 선물이, 꽃 한 송이를 선물하는 마음이 사랑이 자라는 데 큰 역할을 하는 영양소가 될 수 있다.

좋은 건 같이 하면 배가 된다고 했다. 여러분도 오늘 퇴근길에 아내를 위한 꽃 한 송이를 준비해 가면 어떨까 싶다. 아내에게 사랑을 전하면 그 사랑을 고스란히 내가 돌려받는 기쁨을 누릴 수 있다.

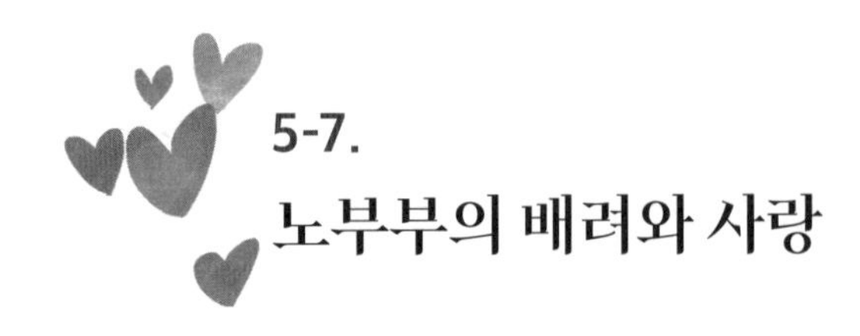

5-7.
노부부의 배려와 사랑

목적지를 향해 가는 중 만난 노부부의 아름다운 모습이 기억에 남는다. 1층에서 4층으로 가는 길이었다. 1층에서 동선이 겹쳐서 우연히 대화를 듣게 되었다.

할아버지 : "여보, 다리 아플 텐데 엘리베이터 타고 갈까?"
할머니 : "아뇨, 운동도 할 겸 걸어가죠. 괜찮아요."
할아버지 : "그래? 괜찮겠어? 다리 아플 것 같아서 물어봤어."
할머니 : "물어봐 줘서 고마워. 천천히 걸어가 보아요."

두 분의 대화에 서로를 향한 배려가 있어서 참 따뜻했다. 대략 80대로 보이는 노부부의 서로를 향한 배려가 마음을 따뜻하게 했다.

80대를 살아가는 어른들이 서로를 사랑하고, 배려하고, 아끼는 모습이 귀감이 된다. 부부가 어떤 마음가짐으로 살아가야 하는지를 깊게 생각해 볼 수 있는 좋은 계기가 되었다. 정답은 서로를 위해 주는 마음에 있다는 것을 알 수 있었다.

작은 배려 하나가 서로의 마음에 등불을 밝힌다. 평생 등불이 밝게 밝히는 삶을 살지, 단 한순간도 등불이 들어오지 않는 삶을 살지를 결정하는 것은 오롯이 우리의 몫이라는 것이다.

아내(남편) 사랑을 주저하지 말자. 하면 할수록 좋은 것이다. 그래서 나도 아내에게 5층 건물에 갈 일이 있어서 본 것을 그대로 실천해 보았다.

나 : "여보, 여보 힘든데 엘리베이터 타고 갈까?"

아내 : "응, 그러자. 그런데 여보는 운동할 겸 걷는 거 좋아하지 않아?"

나 : "응, 운동은 만 보 걷기 하면 될 것 같아. 5층이니까 엘리베이터 탈까?"

아내 : "응, 걸으면 조금 힘들 것 같았는데 배려해 줘서 고마워.^^"

별것 아닌 배려가 서로의 사랑의 온도를 따뜻하게 유지한다. 어르신에게 배운 것을 실천해 보니 역시 아내가 날 많이 배려한 걸 느낄 수 있었다. 종종 운동을 위해 3, 4층은 걸어가곤 하는데, 아내에겐 힘든 시간일 수도 있겠다 싶었다. 늘 배려를 생활화하자. 그 대상이 아내(남편)가 되면 제일 좋다.

서로를 위하는 마음이 오고 가면서 사랑이 더 커지는 걸 경험할 수 있기 때문이다. "뭐 이런 사소한 걸 가지고 그래"라고 말하는 독자들이 있을지 모른다. 그렇게 생각한다면 한번 사소한 배려를 아내(남편)에게 해 보자. 당장 다음 식사 시간에 나오는 반찬부터 달라질 것이다.

위해 주는 마음이 전달될 때 그 힘이 커진다. 그래서 아내 사랑을 실천함에 있어서 배려를 늘 시작에 넣으면 좋다. 당신의 행복한 부부 생활을 응원한다.

Summary

사랑하는 것은 천국을 살짝 엿보는 것이다.

- 카렌 선드

부부가 서로를 존중하면서 키워 가면 천국을 엿볼 수 있다. 함께하는 것만으로 천국을 볼 수 있다는 사실이 얼마나 감사한 일인가?

때로는 꽃을 준비하는 정성으로 아내를 사랑하자. 마음 깊은 곳에 있는 존중의 마음이 디테일한 행동으로 옮겨질 때 부부의 사랑은 더 깊어진다.

6.
변화

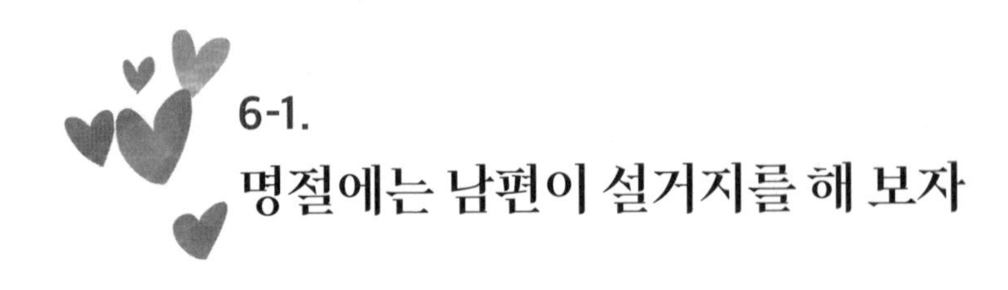

6-1.
명절에는 남편이 설거지를 해 보자

'이번 명절에는 어떻게 아내를 기쁘게 해 줄까?'란 고민을 하다 일일 아내 역할 하기를 선택해 보았다. **평소 아내가 해 주는 일들을 남편이 해 보는 것이다.**

나 : "여보, 하루 동안 자유를 선물해 줄게."
아내 : "그게 무슨 말이야?"
나 : "명절이니까 내가 여보가 하는 일 하루 하면 될 것 같아. 오늘 식사, 설거지, 과일, 커피는 내가 담당할게."
아내 : "정말이야? 생각만 해도 행복할 것 같아."
나 : "하루 동안은 그냥 가만히 쉬고 있어."
아내 : "알겠어, 여보. 너무 기대가 된다. 고마워."

이런 대화를 마무리하고 하루 동안 아내의 역할을 해 보았다. 아침을 차리고(요리한 것이 아니라 있는 밥 데우고, 반찬 꺼내고, 국을 데워서 낸 것) 식사를 한 후 설거지를 했다. 설거지 후 나온 쓰레기들을 정리하고 음식물을 처리했다. 과일을 조금 꺼내어 깎아서 그릇에 담았다.(아내가 뚝딱하던 일이 내가 하니 5분이 넘게 걸렸다.) 커피를 내렸다. 과일을 먹고 커피를 마셨다.

아내 : "여보, 너무 행복해."
나 : "그래? 여보가 행복한 얼굴을 하니 나도 행복하네."
아내 : "안 힘들었어?"
나 : "응, 생각보다 쉽지 않네. 여보가 날 위해 수고해 준 걸 더 느낄 수 있었어."
아내 : "그렇게 생각해 주니까 더 감사하네."
나 : "간단해 보이던 과일 깎는 시간도, 커피 내리는 것도 손이 많이 가더라고."
아내 : "오늘 정말 행복했어. 여보가 내 마음을 알아줘서 더 감사해."
나 : "응, 우리 서로의 마음을 더 알아주고 위하면서 살아가자. 사랑해."

하루였지만 아내에게 고마움을 많이 느낄 수 있는 역할 바꾸기였다. 늘 내가 좋아하는 것들로 요리를 하고 신경을 써 주는 아내가 더 고마웠다. 아내의 집안일이 결코 만만하지 않다. 알고 있었지만 그걸 직접 해 보면 더 느낄 수 있다. 이번 명절을 통해 잠시 아내의 역할을 해 보니 할 게 정말 많았다. 늘 충실히 역할을 해 준 아내에게 고맙다.

서로 각자의 시각이 있다. 나의 입장에서 바라보는 시각으로 살아가면 힘들어진다. **늘 내 입장에서 바라보기보다는 상대의 입장에 서서 한번 바라보자.** 그 속에 감사함과 기쁨 그리고 고마움의 감정이 피어난다. 그 마음들을 붙들고 서로를 위하며 살아가면 더 행복한 부부가 될 수 있다.

세상에 당연한 것은 없다.
늘 고마운 것은 고맙다고 표현하며 살아가자.

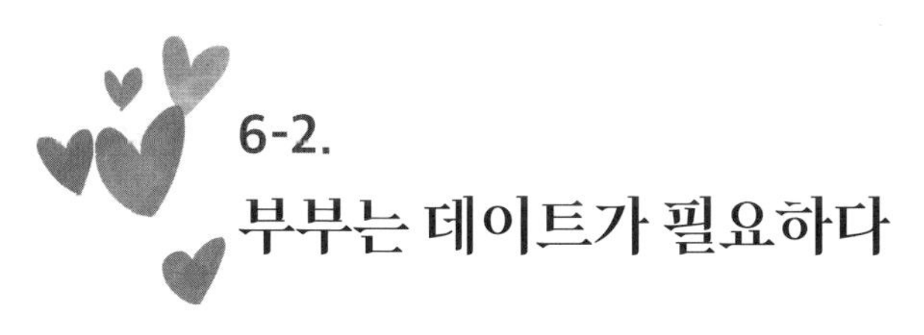

6-2.
부부는 데이트가 필요하다

누구나 행복한 결혼 생활을 꿈꾼다. 남편과 아내가 잘 지내는 모습은 누가 봐도 보기 좋은 그림이다. 안타깝게도 대체로 많은 부부들이 10년이 지나면 결혼 때의 행복과 감사를 놓치며 살아가는 경우가 많다. 왜일까? 필자는 **서로 노력을 하지 않기 때문이라 생각한다.** 노력하지 않는 이유는 수십 가지가 넘는다. 남편의 입장에서는 '일하느라 바쁘다'가 가장 많을 것이다. 아내의 입장에서는 '애들 돌보기도 바쁘다'가 일반적인 대답일 수 있다.

필자는 2010년에 결혼한 그때보다 더 많이 아내를 사랑하게 되었다. 그때도 사랑했는데 지금은 더 사랑한다. 그 이유는 무엇일까? 우리 부부는 서로에게 노력한다. 서로를 위해 **노력하는 시간**을 갖는다. 포인트가 여기에 있다. 바쁘다는 핑계로 이 시대의 부부들은 온전히 서로를 위한 시간을 갖지 않고 있다. 거기서 문제는 시작된다.

우리 부부는 **주기적으로 데이트**를 한다. 아이 핑계, 일 핑계 대지 말자.

두 사람만의 시간을 만들려면 얼마든지 실행에 옮길 수 있다. 부부만의 시간을 다른 것보다 소중히 여기지 않기 때문에 어려운 것이다. 결혼 생활을 연애 생활처럼 하면 늘 행복하게 살아갈 수 있다.

연애할 때 우리는 상대방을 어떻게 대했는가? 아플까 봐 걱정하고, 밥은 잘 먹었는지, 잠은 잘 잤는지 챙겨 주고 위해 줬다. 결혼 생활도 마찬가지다. 아내의 하루가 어떠했는지, 나의 하루는 어떠했는지 함께 대화하며 나눠야 한다. 그럼 그 많은 일상의 이야기들을 인제 할 수 있나? 일상이 바쁜데 그럴 시간이 없다고 핑계 대는 분들을 위해 데이트를 하라는 것이다.

아이가 어려서 맡길 곳이 없어서 데이트를 못 한다는 핑계를 댄다면 그 속에서 다른 방법을 찾으면 된다. 아이가 어리면 **키즈 카페**를 데려가든지, 한 달에 한 번 정도는 **어른들께 부탁**하는 방법도 있다. 그도 어렵다면 친한 **이웃**을 만들어서 한 번은 그 집 애들을 돌봐주고 한 번은 우리 집 애들을 돌봐 달라고 해도 된다. 방법은 많다. 하고자 하는 의지가 없을 뿐이다.

10년을 넘게 살아도 부부의 생각을 100% 알기는 쉽지 않다. 그래서 **데이트하는 시간**을 가져야 한다. 온전히 두 사람만의 시간을 가짐으로써 서로의 생각을 알고 이해할 수 있다. 아내의 생각을 알면 배려하기 쉬워진다. 내가 사랑하는 사람이 싫어하는 행동을 하지 않으면 되고, 좋아하는 행동을 하면 된다.

데이트하는 시간은 부부에게 많은 유익을 준다. **연애하던 때의 추억의**

장소를 다시 방문해 보는 것도 좋다. 대학교를 다시 가 보며 서로의 좋았던 기억으로 행복한 시간을 만들어 보는 것이다. 그때의 풋풋했던 기분 좋은 기억들이 하루 종일 즐겁게 만들어 줄 것이다. 소중한 추억을 공유할 수 있도록 시간을 내어 준 남편 혹은 아내에게 고마운 마음이 들게 된다.

고마운 사람에게 어떻게 대하는가? 더 잘하려고 노력하지 않는가? 부부도 서로에게 고마운 사람으로 살아가야 한다. 서로 사랑해서 결혼했다. 서로를 생각하고 사랑해 주기만 해도 부족한 게 시간이다.

우리 부부는 데이트하는 시간을 가지게 될 때 서로에게 **편지**를 쓰곤 한다. 말로 하는 것보다 글에 힘이 더 실린다. 글로 적으면 마음 깊은 곳에 담겨 있던 생각이 올라온다. 사람의 마음을 움직이게 하는 글은 서로를 사랑하는 마음을 더 키워 준다.

결혼한 이후로 한 번도 편지를 써 본 적이 없다는 지인의 얘기를 들은 적 있다. 자랑이 아니다. 연애할 때 그렇게 열심히 쓰던 편지를 왜 결혼하고는 쓰지 않는가? 그러면서 행복하고 싶다는 건 욕심 아닐까? 재테크는 열심히 하면서 내 남편, 내 아내 사랑하는 건 게을리하는 건 어리석은 일이다.

나와 오랜 생을 함께할 배우자를 아끼고 **사랑하자**. 그 노력의 시간이 지속될 때 행복이 나와 함께, 아내와 함께한다. 그렇게 행복으로 뭉쳐진 가정은 잘될 수밖에 없다.

식탁에서 함께 식사하는 부부를 보라. 그들이 식사하고 있는 다정하고 흐뭇한 시간은 부부 생활의 시간의 길이와 비례한다.

- 앙드레 모루아

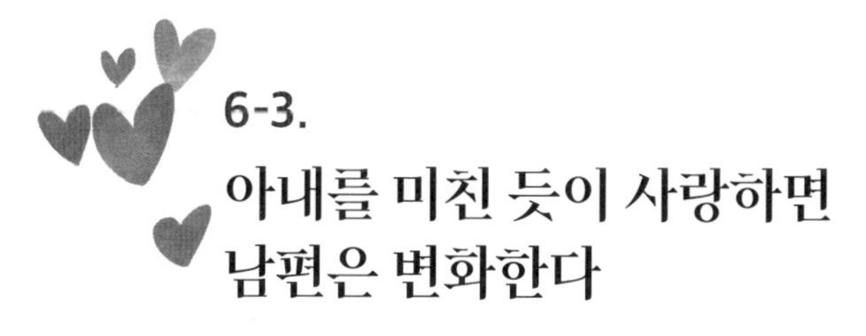

6-3.
아내를 미친 듯이 사랑하면 남편은 변화한다

성인이 되고 적정한 나이가 되면 결혼을 하게 된다. **결혼 생활을 하게 되면서 사람은 새로운 성장과 변화의 과정을 경험하게 된다.** 남편은 아내와 함께 부족한 점들을 고쳐 나가며 성장한다. 아내는 남편이 있음으로 인해 든든함과 사랑을 느낀다. 결혼 생활은 서로 성숙해져 가는 과정이다. 누군가를 바꾸려 하기보다는 내가 먼저 변화하는 게 현명하다.

나를 먼저 바꾸면 상대방도 나의 노력을 알아주고 함께 변화하게 된다. 결혼을 하고 알았다. 내게 단점들이 정말 많았음을 말이다. 아내가 이런 저런 애기들을 하면 신혼 때는 서운하기도 했고, 답답하기도 했다. 돌이켜 보니 다 바꾸면 좋은 것들이었다. 아내의 말을 듣고 바꿔 보니 정말 많은 변화가 있었고 더 좋은 사람으로 성장한 내 모습을 보게 되었다.

신혼 초 아내와 함께 모임에 참석한 적이 있다. 누구나 주인공이 되고 싶어 하듯 상대방의 말을 듣는 데 집중하기보다는 말하는 데 집중한 적이 있었다. 집에 돌아와 아내에게 이런 말을 들었다.

아내 : "여보, 말을 많이 하는 것보다 한번 집중해서 상대방의 말을 들어 보는 것도 좋을 것 같아."

나 : "그래? 대화를 즐겁게 이끌어 가려던 생각에 내가 말을 많이 했던 것 같아."

아내 : "응, 여보가 어떤 의도로 그렇게 말했는지 알겠는데 너무 혼자 말하면 함께하는 사람들이 불편할 수 있거든."

나 : "아, 그렇게까지는 생각 못 했는데 말하기보다 듣는 데 집중해 봐야겠네."

아내 : "맞아, 생각보다 듣는 게 중요해. 그럼 다른 사람들이 더 여보에게 호감을 느끼는 걸 경험할 수 있을 거야."

나 : "그렇단 말이지? 그렇게 한번 해 볼게."

다음에 같은 멤버들과 모임을 가졌다. 이번에는 아내가 했던 말을 생각해 보았다. '말을 적게 하고 듣는 데 집중해 보면 좋을 것 같아.' 이 말에 집중하며 모임 시간을 보내기로 마음먹었다. 아내를 많이 사랑하기에 아내가 하는 말을 들으면 떡이 나온다고 생각한다. 그래서 한번 조언해 주는 대로 해 보았다.

그 모임을 다녀와 아내에게 이런 말을 들을 수 있었다.

아내 : "여보, 오늘 너무 베스트였어. 적절한 리액션과 경청하는 모습이 너무 좋았어."

나 : "그래? 여보가 잘 들어 보라고 해서 그렇게 하려고 노력해

봤어."

아내 : "응, 여보가 열심히 들으니까 다른 사람들도 말하는 데 더 재미를 느끼더라고."

나 : "맞아, 뭐라고 하는지 경청해서 들으면서 다시 질문을 했더니 더 자세히 말하면서 행복해하더라고."

아내 : "바로 그거야. 여보가 진심을 다해 듣는 모습이 다른 사람들을 편하게 해 준 것 같아."

나 : "여보 말대로 잘 듣는 연습을 더 해서 경청하는 습관을 들이면 좋을 것 같아. 좋은 조언 고마워.^^"

그 이후로 모임에 나갈 때마다 열심히 들으려 노력하고 있다. 결혼 전에 날 알던 사람들은 좋은 쪽으로 많이 바뀐 것 같다는 말을 자주 해 준다. 아마도 아내가 말해 준 경청을 노력하며 조금씩 변화된 덕분인 것 같다.

결혼 전 내 모습과 지금의 내 모습을 비교해 보면 완전히 다른 사람이 된 것 같다. 그 이유는 다 아내 덕분이다. 이 시대의 남편들이여, 아내의 조언에 귀를 기울이자. 아내 말을 잘 들으면 모든 일이 잘된다. 아내는 남편이 잘되길 누구보다 바라는 사람이기 때문이다. 신혼 초에 아내의 말이 잔소리로 들린 적이 있었다. 그때 한동안 힘든 시간을 보낸 적이 있다.

속마음으로 이런 생각이 있었던 것 같다. **'나한테 바꿔야 할 부분이 이렇게 많은가?'** 답은 생각보다 간단하게 정리되었다. **'나한테 바꿔야 할 부분이 이렇게 많구나.'** 생각을 바꾸고 나니 해야 할 일도 간단해졌다.

아내의 조언을 들으면 된다. 그 조언대로 행동으로 옮기면 더 멋진 사람으로 변화할 수 있다. 변화한 내 모습이 만족스럽기에 아내를 더 사랑하게 된다. 나를 더 좋게 바꿔 주는 사람을 사랑하지 않을 이유가 없다.

우리 부부는 대화의 시간을 자주 가진다. 그렇게 서로의 생각을 알아 가는 시간을 쌓으면 어느새 나보다 상대방을 더 잘 아는 순간이 온다.

예를 들어 외식을 하러 가게 되면 남편은 아내가 좋아하는 음식을 떠올리게 되고 아내는 남편이 좋아하는 음식을 생각한다. 몇 가지 음식을 의논하다 결국 둘 다 좋아하는 음식으로 정하게 되는 경우가 많다.

부부는 대화를 먹고 성장한다. 대화하기 위해 노력해야 한다. 대화의 시간을 꾸준히 가져야 한다. 우리 부부는 토요일 저녁 시간은 늘 한 주간 있었던 일들과 다음 주에 있을 일들에 대해 이야기하며 서로의 스케줄을 확인한다.

서로의 상황을 더 잘 알아야 더 잘 위해 줄 수 있다. 부부는 서로에게 비밀이 없어야 한다. 우리 부부는 사소한 것 하나부터 열까지 모두 공유한다. 그래야 건강한 부부 사이를 만들어 갈 수 있기 때문이다.

아내는 남편의 조언을, 남편은 아내의 조언을 귀 기울여 들어 보자. 그럼 더 행복한 부부 생활을 만들어 나갈 수 있다.

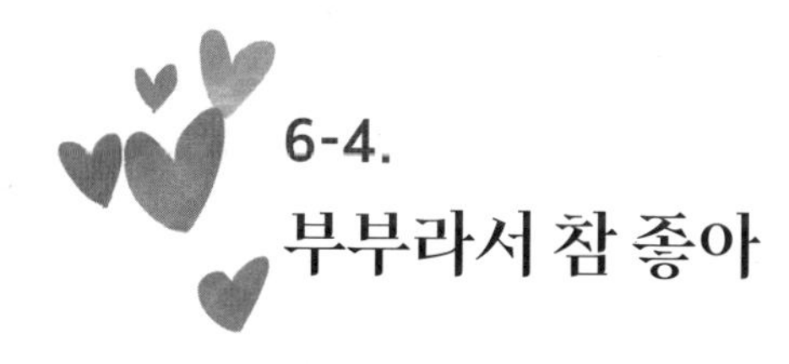

6-4.
부부라서 참 좋아

저녁에 자려고 누워 아내를 불렀다.

나 : "여보, 나 등 좀 긁어 줘."
아내 : "응, 시원해?"
나 : "응, 완전 시원해. 고마워."
아내 : "그럼 나도 등 좀 긁어 줘."
나 : "응, 시원해?"
아내 : "응, 나도 완전 시원해. 고마워."

그렇고 서로의 등을 긁어 주고는 웃었다. 등 긁어 줄 사람이 있어서 참 좋다. 부부라서 너무 행복하다. 등을 편하게 내어 줄 수 있는 사람이 있는 건 참 감사한 일이다. 부부는 서로에게 의지해서 살아가는 지렛대 같은 존재다. 부부에 관한 명언 중 이런 말이 있다.

완벽한 사람을 찾아야 사랑할 수 있는 게 아니다.

불완전한 사람을 제대로 보는 법을 배워야 사랑할 수 있다.

2010년 결혼할 당시의 나의 모습은 지금과는 상당히 다른 부족한 남편이었다. 아내와 나의 차이를 이해하지 못해서 속 좁게 굴기도 한 어린아이 같은 남편이었다. 아내는 천천히 조금씩 서로를 이해하고, 배려하는 방법에 대해 대화를 하며 알려 주었다. 덕분에 바꿔야 할 부분들을 볼 수 있었고, 하나씩 바꿔 가며 우리는 더 좋은 부부가 될 수 있었다.

위의 명언처럼 완벽한 사람은 없다. 그저 불완전한 사람을 인정하고 받아들이며 사랑하며 살아가는 것이 부부다. 신혼 초에 우리 부부를 보고 사람들이 그랬다. "아직 신혼이니까 금실이 좋지." 지금 우리 부부를 보고는 "참 보기 좋다. 여전히 금실이 좋네"라고 한다.

관계는 하루아침에 이루어지지 않는다. 서로 더 이해하고, 사랑하고, 배려하고, 용서하고, 아껴 줄 때 더 깊어진다. 아내가 당신을 더 사랑해 주길 바라는가? 그렇다면 당신은 얼마나 아내를 사랑하는지 점검해 보자. 가는 말이 고와야 오는 말이 곱다. 내가 먼저 아내 사랑을 실천하는데 아내가 더 나를 사랑해 주지 않겠는가?

내 곁에 아내가 있음에 참 감사하다. 하루하루 일상을 살아가면서 부부는 서로에게 의지해야 할 상황들이 많이 발생한다. 그럴 때마다 언제, 어느 때든지 내 편이 되어 줄 수 있는 아내가 있다는 사실이 큰 위로가 되고 힘이 된다.

평생 내 옆에 가장 오래 있을 사람은 그 어느 누구도 아닌 바로 내 배우자다. 내 옆에 있는 사람에게 가장 잘하자. 흔히 자주 하는 실수가 아내보다 다른 사람에게 잘하는 것이다. 정말 백해무익이다.

아내에게도 잘하고 다른 사람에게도 잘해야 한다. 그게 현명한 삶을 살아가는 사람의 태도다. 생각보다 많은 부부들이 헤어짐의 어려움을 경험하고 있다고 한다.

부부는 따로 또 같이가 아니다. 그냥 계속 같이다. 이 말을 이해하고 받아들이면 오늘보다 더 나은 부부관계를 만들며 행복을 만들어 갈 수 있을 것이다.

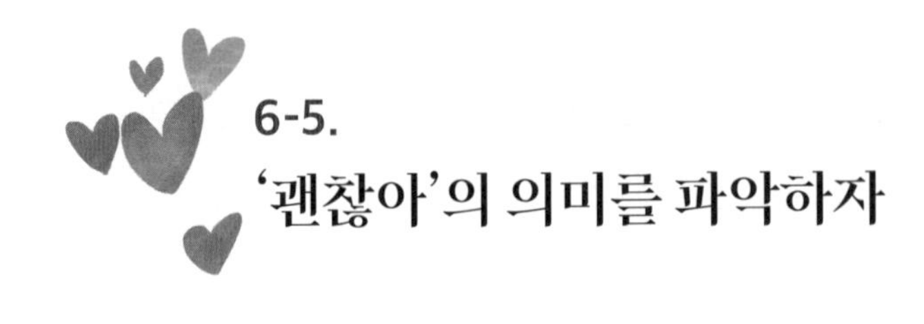

6-5.
'괜찮아'의 의미를 파악하자

아침 시간엔 딸을 태워 학교에 등교를 시켜 주고 있다. 한 시간 일찍 가서 책을 보는 것을 6년 동안 했더니 저변 지식이 늘어서 놀라게 되었다. 독서는 아이나 어른이나 상관없이 사람을 성장하게 한다.

딸을 태워 주고 돌아오는 길에 종종 맥도날드를 들린다.

나 : "여보, 오늘 에그 맥머핀 세트 먹을까?"
아내 : "응, 여보는 머핀 먹고 나는 해시브라운 먹을게~"
나 : "응, 알겠어~"
아내 : "오~~예~~! 해시브라운 먹는다!"
나 : "에그 맥머핀 세트랑 아이스커피 하나 추가해 주세요~"
점원 : "에그 맥머핀 세트랑 아이스커피 맞죠?"
나 : "네, 감사합니다~"

주문한 세트가 나와서 차를 출발시켰다. 맥 드라이브라서 내용물 전체를 확인하지 못하고 출발했다. 음식을 먹으려고 보니 커피 두 잔과 에그맥머핀만 들어 있었다. 해시브라운이 없는걸 보고 아내는 시무룩해졌다. 아마도 매장에서 실수를 한 모양이었다.

나 : "여보, 어떻게 하지? 해시브라운을 깜박하셨나 봐."
아내 : "괜찮아, 할 수 없지. 다음에 먹자."
나 : "아냐, 여보. 저기 가서 유턴해서 다시 사러 가자. 아마도 실수로 누락하셨나 봐~"
아내 : "진짜? 사실 해시브라운 먹고 싶었어. 여보가 차 돌려서 가기 귀찮을까 봐 그렇게 말했지."
나 : "그런 것 같았어. 표정이 모든 걸 말하고 있던데.^^"
아내 : "역시, 여보밖에 없어. 고마워. 사랑해~"
나 : "응, 나도 사랑해.^^"

다시 돌아가서 해시브라운을 구매했다. 1,300원 때문에 점원분과 불쾌한 기분을 남기고 싶지 않아서 그냥 새로 구매했다. 그러곤, 아내가 즐겁게 해시브라운을 먹는 걸 볼 수 있었다. 덕분에 집에 돌아오는 길 내내 아내의 즐겁고 행복한 표정을 볼 수 있었다.

때로는 아내의 '괜찮아~'의 행간의 의미를 파악할 필요가 있다. 정말 괜찮아서 괜찮은 건지, 아니면 날 배려해서 그냥 괜찮지 않은데 그렇게 말하는 건지를 살펴봐야 한다. 작은 것들이 모여 큰 것이 된다. 이런 작은 배려와 사랑이 모여 서로를 더욱더 아껴 줄 수 있는 연료가 된다. 차를 돌려서 해시브라운을 사고 돌아오는 데 약 15분이 들었다.

아내와 함께 행복을 만드는 데 필요한 시간은 불과 15분이었다. 때론 이벤트도 필요하고 편지를 쓰는 정성도 필요하다. 하나, 제일 중요한 것은 사소한 것 하나부터 열심히 챙기는 마음이 아닐까?

작은 사랑의 마음이 큰 사랑의 마음으로 커질 수 있다. 이해와 배려가 그 출발이다. 아내를 배려한다면 원하는 것을 들어주는 작은 정성을 보여보자. 작은 정성이 큰 사랑으로 돌아오는 걸 경험할 수 있다.

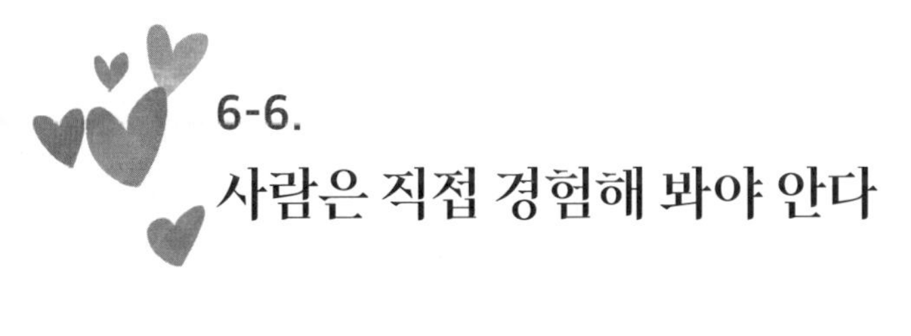

6-6.
사람은 직접 경험해 봐야 안다

아내와 함께 서울 출장을 다녀오면서 아내와 대화를 나눴다.

아내 : "여보, 운전한다고 피곤하지?"

나 : "응, 괜찮아. 여보도 피곤하지?"

아내 : "여보가 운전해서 피곤하지, 나는 괜찮아!"

나 : "아냐, 여보도 많이 피곤할 거야. 전에 나도 사장단 회의 갈 때 운전 안 하고 옆에 타고 가기만 했는데도 정말 피곤하더라고."

아내 : "그랬어? 내 맘 알아줘서 고맙네.^^"

그렇다. 서울과 부산을 오가는 운전은 내가 했지만 아내는 오가는 중에 옆에서 계속 눈을 뜨고 있었다. 혹시나 내가 졸까 봐 옆자리를 지켜 준 것이다. 전에 서울에 사장단 회의 때문에 갔을 때 내가 조수석에 동승해 간 적이 있었다. 운전을 안 하고 가면 조금 덜 피곤할 줄 알았다. 그저 나의 착각일 뿐이었다.

운전하는 것과 거의 비슷하게 피로감이 몰려왔다. 그때 출장 길을 함께 다녀 주는 아내에게 더 큰 고마움을 느꼈던 것 같다. 사람은 때론 직접 경험해 보아야만 느낄 때가 있다. 이번 케이스가 그런 것 아니었나 싶다. 아내의 피로감을 이렇게라도 공감할 수 있어서 감사했다.

아내는 내가 운전할 때 졸릴까 봐 커피, 오징어, 쥐포, 캔디 등 다양한 먹을거리를 챙겨 준다. 아내가 바쁜 일정으로 함께할 수 없을 때를 제외하고는 나와 함께해 줘 고맙다.

대구와 부산에 사업장이 있어서 오갈 때도 가능하면 함께해 준다. 날 사랑해 주고 아껴 주는 아내에게 늘 감사하다. 장거리를 가면 좋은 점들이 있다. 함께 데이트를 할 시간을 확보할 수 있다는 점이다. 부산, 대구는 약 2시간 거리이기 때문에 오고 가는 내내 진솔한 대화를 나눌 수 있어서 좋다.

서울은 4시간 30분 정도 걸린다. 그때는 오고 가면서 휴게소를 들러서 새로운 추억을 쌓는다. 맛집 휴게소를 찾기도 하고, 가 볼 만한 곳을 들리기도 한다. 이렇게 함께하는 데 큰 행복이 있다. 지난 명절에는 딸과 함께 셋이서 서울을 다녀왔다. 함께하는 것이 얼마나 즐겁고 행복한지를 생각할 수 있는 시간이었다.

아내가 옆자리에 앉아 있어도 나만큼 피곤하다는 것도 함께함이 얼마나 행복한지도 직접 경험해 봐야 더 깊이 느낄 수 있다.

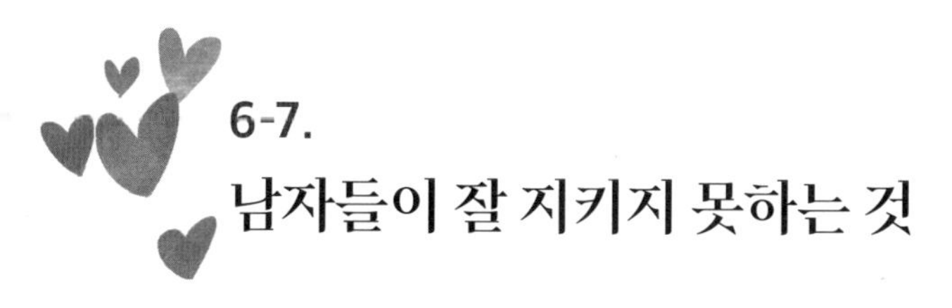

6-7.
남자들이 잘 지키지 못하는 것

휴지심을 보면 참 생각이 많다. 2010년에 결혼하고 이 나쁜 습관을 고친 게 2024년 1월이다. 이 습관 하나를 고치는 데 무려 14년이 걸렸다.

아내는 늘 얘기했다. “여보, 휴지심은 다 쓰면 화장실 쓰레기통에 버리지 말고 재활용 종이에 모아 줘~”라고 말이다. 그걸 올해까지 들어주지 못했다. 때로는 화장실 휴지통에 버리고, 때로는 다 쓰고 그냥 두기도 했다. 참 이게 왜 이렇게 안 되었던 걸까?

아마도 인식하지 못해서 그랬던 것 같다. 아내가 늘 이쁘게 말해 줬다. “여보, 휴지심은 재활용 쓰레기통에 버려 줘~” 하면 “응, 알겠어” 하곤 했다. 그냥 대답한 것이다. 경청하지 못했다. 1월에 아내가 그 말을 또 했다. “여보~ 깜박한 것 같은데 휴지심은 재활용 쓰레기통에 버려야 돼~”라고 말하는 것이다.

그때 띵~ 하고 한 대 맞은 느낌이 들었다. ‘와, 아내의 작은 부탁을 10년

이 넘게 들어주지 못했네'라고 자각할 수 있었다. 남자들이 그렇다.

중요하다 생각하지 않는 부분들에 대해 무심하다. 아내에게 정말 미안했다. '휴지심이 뭐라고… 그냥 화장실 휴지통 말고 재활용 박스에 넣으면 되는 것을 그걸 아직도 안 하다니….'

몹시 반성이 되었다. 그 이후부터 휴지심이 보일 것 같으면 휴지를 다 쓰고 꼭 휴지심을 내가 정리하고 있다. 그리고 아내가 이렇게 말했다.

"어, 여보, 휴지심 재활용 통에 잘 됐네. 고마워"라고 말이다. 참 고마웠다. 지금까지 나의 변화를 기다려 준 아내가 너무 사랑스러웠다.

아내는 내가 자각하지 못하기에 그냥 기다려 줬던 것이다. 때로는 상대를 바꾸는 것이 오래 걸릴 수 있다. 인내하며 기다리다 보면 변화가 생길 수 있다. 더 좋은 것은 그 사람이 변하든 변하지 않든 간에 상관없이 사랑하는 것이 아닐까? 사소한 것 하나에 더 신경을 써야 부부 간의 사랑은 더 커질 수 있다.

이제는 휴지심을 열심히 재활용 박스에 갖다 둔다. 그 작은 섬김이 우리 부부관계를 따뜻하게 한다는 걸 느낀다. 아내(남편)가 원하는 사소한 것부터 한번 들어 보자. 그리고 바꿔 보자. 그 변화가 모든 행복의 출발점이 된다.

Summary

변화는 나를 바꾸려는 생각과 더 좋은 사람이 되겠다는 간절한 마음이 담긴 행동이 지속될 때 실현된다.

부부는 서로를 변화시키려 하기보다 자연스럽게 변화될 수 있도록 더 많은 대화의 시간을 가져야 한다.

대화를 통해 내가 사랑하는 아내의 생각을 알고, 그대로 나를 바꾸면 된다. 남편이 먼저 변화를 위해 노력하면 아내는 자연스럽게 변화될 수 있다.

7.
감사

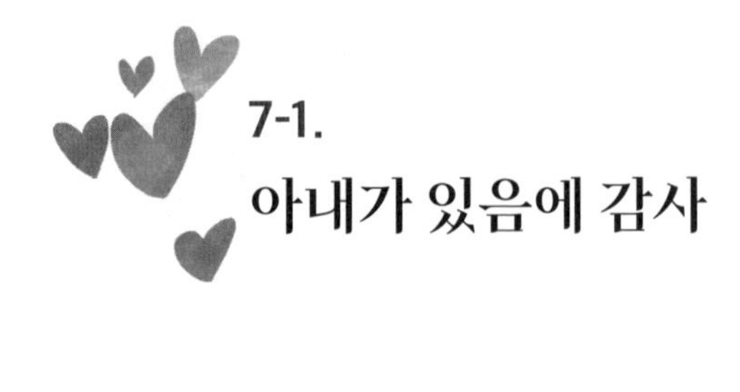

7-1.
아내가 있음에 감사

아내는 늘 내 편이다.
언제나 든든한 내 편!

험난한 인생에
함께하는 동반자가 내 편이란 사실은
너무나 소중할 때가 많다.

살다 보면
별의별 일을 다 겪는다.
그럴 때마다
든든한 내 편이 나의 아내라는 게 감사하다.

당신의 남편은?
당신의 아내는?
내 편이란 생각이 드는가?

그렇지 않다면
상대방을 탓하기보다,
나 자신을 돌아보자.

아내에게,
혹은 남편에게,
진정 내 편이란 생각이 들게 하고 있는지,
깊게 생각해 보자.

맞다면,
계속 그렇게 해 나가면 된다.
틀리다면,
반성하고 반드시 고치자.

세상에서 제일 소중한 사람이 오롯이 내 편인
내 남편,
내 아내임을 명심하자.

세상 무엇과도 바꿀 수 없는 것, 그것은 젊은 때에 결혼하여 살아 온 늙은 마누라.
- 탈무드

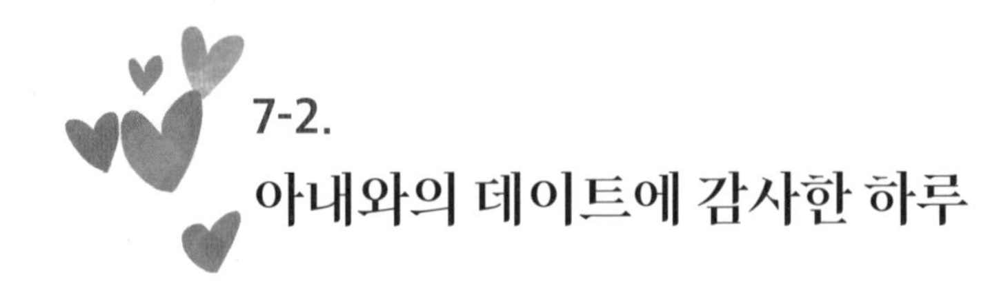

7-2. 아내와의 데이트에 감사한 하루

아내와 함께 데이트를 다녀왔다. 딸이 장모님 댁에 가고 싶다 해서 맡겨 두고 우리 부부는 오붓한 데이트를 즐겼다. 기장의 조개구이 전문점에 가서 가리비를 구워 먹고 해물라면과 함께 마무리를 했다.

저녁을 먹고 설빙에 들러 딸기 빙수와 아이스 아메리카노도 마시면서 이런저런 얘기를 했다. 오랜만에 15년 전의 연애 시절 얘기도 하고, 올해의 크고 작은 일들에 대해 얘기도 나누고, 둘만의 데이트라 그런지 더 소중하고 감사했다.

부부는 함께 시간을 보내며 서로의 추억을 함께 공유할 수 있는 사이다. 함께 기억하고 있는 것들이 있어서 이야기가 더 재밌어지는 것 같다. 이야기를 하며 감사했던 것은 철부지 남편이었던 내가 조금은 성장했다는 점이었다. 결혼 초기 하나부터 열까지 고쳐야 할 것투성이였던 내 모습을 이만큼 바뀌고 성장할 수 있게 기다려 준 아내에게 고마웠다.

남편들은 아내의 도움이 많이 필요하다. 이것저것 부족한 부분을 인정하면 조금 더 좋은 사람이 될 수 있다. 어설픈 자존심으로 기싸움을 하면 오히려 더 좋은 사람이 될 기회를 놓치게 된다. 어쩌면 성장은 부족한 점을 인정하는 데서 시작되는 것 아닐까?

끊임없이 좋은 책을 찾고,
끊임없이 독서를 하려는 이유도,
부족함을 알고 성장하기 위해서다.

아내와 함께 조금 더 성장하는 한 해가 되었음에 감사한다. 앞으로는 더 성장하는 멋진 남편이 되기를 소망해 본다.

남자에게 있어 최고의 재산은 마음씨 고운 아내다.
- 에우리피데스

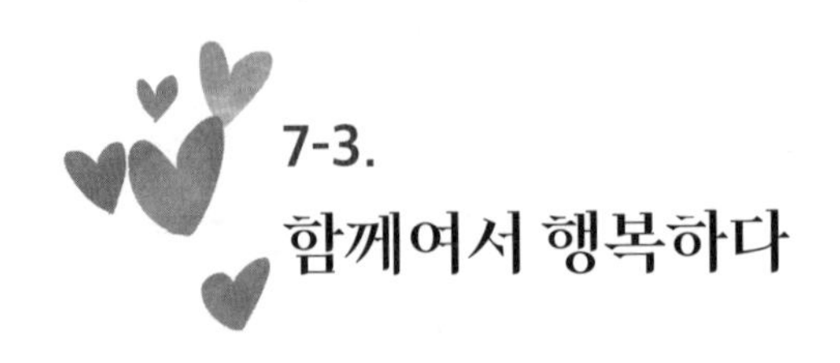

7-3.
함께여서 행복하다

나에게 결혼은 행복을 선물해 주는 통로였다. 신혼 때에는 다름과 틀림을 이해하지 못해 자주 다투기도 했다. 아내의 생각과 나의 생각이 부딪힐 때면 참 속상한 시간을 보내기도 했다. 3년의 시간이 지나고 나니 서로의 다름을 이해할 수 있었다. '왜?', '뭐 때문에?'라는 생각보다는 '다를 수 있어', '그럴 수 있어'로 생각이 바뀌었다.

아플 때면 서로를 위로해 주고 기쁠 때는 함께 기뻐할 수 있는 것이 부부다. 아내가 아플 때는 남편이 아내를 보살펴 주고 남편이 아플 때는 아내가 남편을 보살핀다. 그렇다. 부부는 함께 힘든 시간을 극복해 나가는 인생의 동반자다. 내게 참 많이 감사한 사람이 나의 아내다. 부족한 사람이 성숙할 수 있게 도와주었고, 단점을 '고칠 수 있다' 말해 주며 응원해 줬다.

신혼 초에 서로 다투면 속상해하면서 먼저 잠들어 버리던 철없는 남편이었다. 아내는 "여보, 화해를 안 하고 그렇게 잠들면 내가 너무 속상해. 다음부터는 화해하고 자면 좋겠어"라는 따뜻한 말로 다독여 줬다.

그래서 지금은 다투면 서로 화해를 꼭 하고 잔다. 다툰 시간이 오래되면 응어리가 생긴다. 내가 정말 사랑하는 사람에게 상처를 줄 필요는 없다. 묵묵히 오래 기다려 준 아내 덕분에 이제는 저녁에 대화로 풀 수 있게 되었다.

화가 난다고 씩씩거리지 않고 먼저 잠들지 않으려 노력한다. 그런 변화를 경험할 수 있는 것이 결혼 생활이다. 가장 바뀌지 않는 것이 사람 마음 아닐까? 이걸 바뀌게 하는 것이 사랑의 힘이다.

누군가는 불편한 사람과 살 바에는 혼자 사는 게 낫다고 한다. 그 말에도 전적으로 동의한다. 나와 결이 맞지 않는 사람과 평생 사는 것은 나를 불행하게 만드는 일이다.

그렇지만, 나와 맞는 사람이 나타났다면 주저 없이 결혼으로 가는 걸 추천하고 싶다. 나는 결혼하고 지금까지 너무 행복하다. 너무 좋다. 내가 신혼이라면 '에이, 신혼이라서 그렇겠지'라고 말할 수 있다.

그래도 이제 나는 2010년에 결혼한 연차가 있는 부부다. 사람들이 우리를 아직도 신혼으로 보는 경우가 종종 있다. 그만큼 금실이 좋다는 반증이기도 하다. 결혼한 지 3, 40년 된 선배님들 앞에서 연차 얘기를 하는 것이 부담스럽지만 결혼이 좋은 것이라는 걸 강하게 표현하고 싶어 사용해 보았다.

결혼이 망설여진다면 나를 **정말 사랑하는 사람을 찾자**. 그러면 망설임을 사라질 수 있다. 사랑의 힘은 생각 이상으로 강력하다. 당신도 당신을 정말 사랑하는 사람을 만나 결혼하고 행복해졌으면 좋겠다. 이 글을 읽는 당신의 행복을 응원한다.

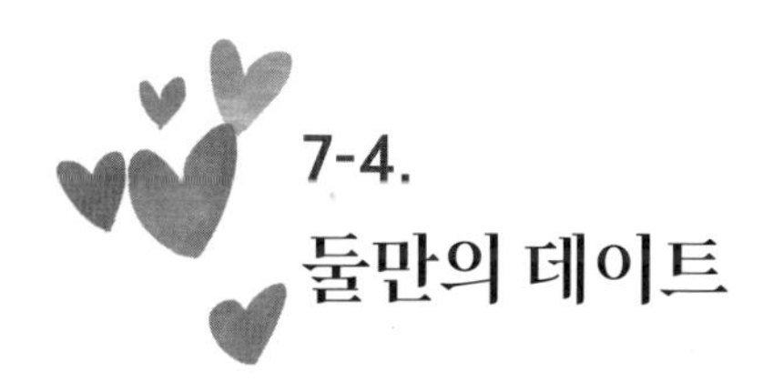

7-4. 둘만의 데이트

이른 퇴근을 하고 아내와 함께 데이트를 나왔다. 딸은 할머니 집에 가겠다고 해서 내려 주고 아내와 둘만의 시간을 가진다. 5분 거리에 있는 장모님 댁이 우리에겐 오아시스 역할을 한다. 여전히 둘만의 데이트는 설렌다.

나 : "여보, 먹고 싶은 거 있어?"

아내 : "로제 전복밥 먹고 싶어~"

나 : "아, 일광에 거기 갈까?"

아내 : "응. 근데 여보, 피곤한데 괜찮겠어?"

나 : "여보랑 드라이브 갈 건데 뭐가 피곤하겠어.^^"

아내 : "역시. 고마워, 여보. 그럼 거기 가자~"

이렇게 우리 부부는 30분 거리의 일광으로 가서 맛있는 식사 시간을 가졌다. 데이트 코스로 오는 곳이라 그런지 마음이 따뜻해진다. 돌아오는 길에 커피 한잔하며 행복한 시간을 보냈다. 소소한 일상에서의 행복이 가장 크다.

행복을 먼 곳에서 찾을 필요가 없다. 내 삶, 내 가정 안에 행복이 있다. 특히 아내와 함께할 때 큰 기쁨이 있다. 부부는 가장 오랜 시간을 보내는 인생의 동반자다. 가까이 하기에 때론 너무 편하게 대해서 실수하기도 한다. 그럴 땐 되도록 빨리 사과를 한다.

일을 하다가 예민해질 때면 나도 모르게 말투에 예민함이 담긴다. 그럴 때는 아내에게 실수를 할 때가 있다. 좋게 말해도 되는 것을 짜증스럽게 말하는 실수를 한다. 실수는 누구나 할 수 있다. 중요한 것은 실수한 이후에 어떻게 하느냐다. 실수를 인정하고 빠르게 사과해야 한다.

"미안해. 내가 좀 예민해서 말을 그렇게 한 것 같아"라고 사과를 해야 된다. 그리고 상한 아내의 마음을 들여다보는 센스가 필요하다. 이게 이론은 쉬운데 실전은 그렇게 쉽지 않다. 그래서 실수하고 사과하는 과정을 반복하게 되는 것 같다. 같은 실수를 반복하지만 그 과정을 통해서 조금씩 성숙해 간다.

아내와 데이트를 하면서 깊은 대화를 나눈다. 예민했던 이유와 상황을 설명하면서 서로 이해와 배려의 시간을 가진다. 그렇게 서로를 존중하고 있음을 말하고 확인하면서 성숙해 간다.

아내 : "여보, 다음부터는 예민할 때는 미리 말해 줘. 내가 이런 상황 때문에 지금 조금 예민하다고 말야."

나 : "응, 그렇게 하도록 노력할게."

아내 : “먼저 말해 주면 나도 더 이해할 수 있으니까.^^”

나 : “그래, 여보. 나도 더 노력할게. 고마워.^^”

우리의 데이트는 이런 마음에 있는 얘기들을 하는 시간이다. 별것 아닌 것 같지만 부부 사이에 앙금을 남기지 않는 중요한 시간이 된다. 때로는 둘만의 시간이 필요하다. 그 시간을 통해서 서로의 소중함을 확인하고 이해와 배려를 쌓을 수 있기 때문이다.

둘만의 시간을 확보하려 노력하지 않으면 매번 쉽지 않다. 그래서 특별히 둘만의 데이트 시간을 확보해야 한다. 꼭 바깥으로 나가지 않더라도 자녀들이 잠든 시간이나 이른 새벽 시간을 활용해도 된다.

안 되는 이유를 찾지 말고, 되는 이유를 찾아보자. 둘만의 데이트 시간을 통해 부부의 사랑을 키워 갈 수 있다. 결국, 부부에게 있어서 제일 중요한 감정은 사랑이다. 그 사랑을 가꾸고 키워 가야 한다. 그래야 더 행복한 가정을 만들어 갈 수 있다.

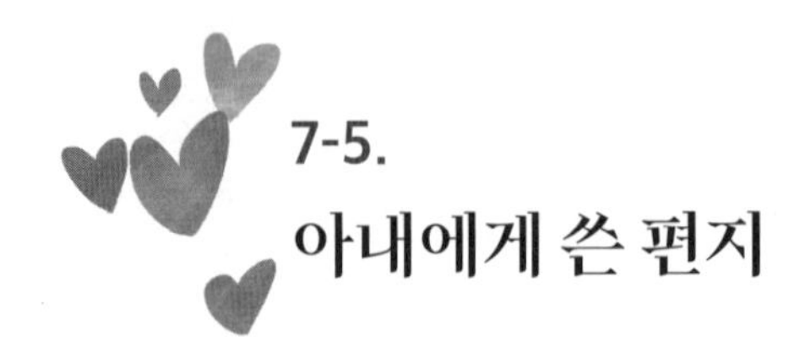

7-5.
아내에게 쓴 편지

자주 아내에게 편지를 쓴다. 특별히 이벤트가 있는 날에는 꼭 편지를 쓰려고 노력한다. 이벤트와 별개로 평범한 날에도 가끔 편지를 적어서 아내에게 건넨다. 손편지는 색다른 힘이 있다. 뭉클한 감동이 있다.

마음을 눌러 담은 글씨는 특별한 사랑을 전한다. 매일을 같은 호흡으로 즐겁게 살아갈 수 있다면 너무 이상적이다. 허나, 우리 삶은 그렇게 이상적이지 않다.

때로는 마음 상하는 일도 생기고 속상한 경험도 만나야 한다. 한번은 아내에게 약간 속상한 일이 있었다. 그래서 아내의 마음을 위로하기 위해 편지를 적었다. 이런저런 나의 마음을 글로 담다 보니 마지막엔 이 문장이 나온다. "여보, 사랑해. 앞으로도 우리 더 아껴 주고 사랑하면서 살아가자."

아껴 주고 사랑하는 게 부부다. 그래서 아내가 속상해하면 내 마음도 아프다. 작은 편지 하나로 활짝 웃는 아내를 보니 작은 정성을 쏟길 잘했다 싶다.

이 시대의 남편(아내)들이여, 작은 정성을 내어 보자. 편지 한 장 쓰는 데 10~15분이면 된다. 작은 정성으로 아내에게 사랑을 전달해 보자. 아내들의 행복한 미소를 만날 수 있다.

남편들의 작은 정성으로 인해 아내의 사랑이 돌아온다. 남편의 사랑 1에 아내의 사랑 1이 더해져 2가 된다. 부부관계는 +다. -는 없다. 더해져 가는 사랑 속에 행복이 커져 간다. 지금도 아내에게 최선을 다하고 있겠지만 거기서 +α를 하나만 더해 보자. 그걸 통해 아내가 더 큰 행복을 느낀다.

예전의 나는 이런 생각을 하는 어리석은 남편이었다. '남편은 사회생활을 통해 가장의 역할을 잘하면 되는 것 아닌가?'란 생각이었다. 남편은 일을 해서 가정의 경제를 유지하는 일을 잘하면 되는 것이라 잘못 생각한 적이 있다.

아내와 부부 생활을 이어 오면서 내 생각이 짧았음을 깨달았다. 그래서 아내를 더 아껴 주면서 행복해지기로 마음먹었다. 가장의 책임과 사랑스러운 남편은 별개의 영역이었다. 가장의 책임이 당연한 것이지만 사랑스러운 남편도 필요했다.

내가 당연히 해야 할 의무를 잘하고 있다고 해서 생색내지 말자. 그건 당연한 것이다. 아내를 사랑하는 것도 당연한 것인데 잘 지키지 못하는 경우를 자주 본다. 생각을 조금만 바꾸자. 아내 사랑을 통해 조금 더 행복해지기로 마음먹어 보자. 그리고 조금 더 잘해 보자. 하면 할수록 좋은 것임을 알게 될 것이다.

'가장 책임+사랑스러운 남편'으로 생각을 바꾸고 나니 아내와의 관계도 더 좋아졌다. 부부관계는 서로가 노력해야 한다. 남편이 가장의 역할도 하면서 사랑도 준다면 아내도 더 남편을 사랑하게 된다.

+에 +를 붙여 가는 것이 부부관계다. 사랑을 키워 가다 보면 +(더하기)에 *(곱하기)까지 경험할 수 있다.

잊지 말자. 행복한 가정을 위해서는 작은 노력이 필요하다. **오늘 남편(아내)에게 편지를 한 장 적어 보자.**

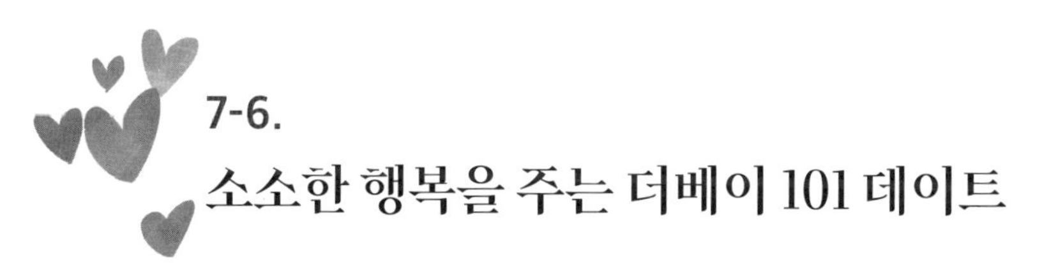

7-6.
소소한 행복을 주는 더베이 101 데이트

아내와 더베이 101에 데이트를 나왔다. 부산에 사는 덕분에 누리는 호사다. 가까운 거리에 이렇게 좋은 데이트 코스가 있음에 감사하다. 주말을 맞아 딸과 아내와 외식을 하고 딸은 할머니 집에 데려다주었다. 그리고 우리 둘은 데이트하는 호사를 누린다. 이것 또한 감사하다.

더베이 101은 데이트하기에 최적의 장소다. 조금만 걸어도 산들바람처럼 바닷바람이 불어와 즐거움을 선물해 준다. 아내와 함께 걷다가 커피 한 잔, 히비스커스차 한 잔을 시킨다.

나 : "여보, 소소한 행복이 참 좋다. 그치?"
아내 : "맞아, 여보랑 데이트하면서 차 한잔 마시니까 너무 좋아."
나 : "마음의 여유를 가질 수 있다는 사실이 참 감사해. 행복하고.^^"
아내 : "누구보다 열심히 최선을 다해서 살아와서 그런 것 아닐까?"
나 : "여보가 응원해 주니까 너무 힘이 나네. 고마워. 사랑해."

아내 : "나도 사랑해.^^"

잠깐의 짧은 대화를 마치고 우리는 약간의 산책을 하고 집으로 돌아왔다. 요즘 필자의 삶은 행복으로 가득 채워지고 있다. 아내에게 이런 말을 자주 듣는다.

아내 : "여보, 요즘 행복해 보이네. 입가에 미소가 자주 보여.^^"
나 : "맞아, 요즘 너무 행복해. 매일 희망을 선물 받는 것 같아."

아내와 나눈 짧은 대화를 생각해 보니 매일 희망을 생각하고 있었다. 요즘 의지적 노력이 아닌 자연스러운 미소를 더 자주 짓게 된다. 삶의 행복도가 아주 높아졌다는 말이다.

아내와 차를 마시는 시간은 행복을 키우는 시간이 된다. 바쁜 일상과 글쓰기로 인해 아내와 대화하는 시간이 충분하지 못한 한 주였다. 덕분에 잠시 아내와 서로에게 집중하는 시간을 가졌다.

사랑은 서로를 생각하고 함께 시간을 보내는 의지적 노력을 통해 더 커져 간다. 아내(남편)를 사랑하니까 내가 말하지 않아도 충분히 알 것이라는 잘못된 생각에서 벗어나야 한다.

표현해야 더 잘 알 수 있고, 말할 때 사랑을 느끼고 생각한다. 그래서 우리 부부는 "사랑해"라는 말을 하는 것에 익숙하다. 표현이 주는 힘을 알기에 매일 서로에게 말해 준다.

자기 전에 "잘 자. 사랑해", 일어날 때 "잘 잤어? 사랑해"라고 말한다. "부부끼리 그러는 거 아니야"라고 말하는 분들이 있을지 모른다. 그런 생각이 떠오르는 분들이라면 작은 것부터 바꿔 보자. 작은 표현부터 해 보자. 처음부터 "사랑해"라고 말하는 것이 부담스러워 그런 것일 수 있다. 제발 "말하지 않아도 다 알아"라고만 표현하지 말자.

말하지 않으면 모른다. 그저 부끄럽기에 매일 하기가 쉽지 않을 것일 수 있다. 마음껏 사랑하자. 거기엔 비용이 들지 않고 행복만 있다.

Summary

남자에게 있어서 최고의 재산은 마음씨 고운 아내다.

- 에우리피데스

남자들에게 최고로 소중한 사람이 아내가 되면 좋다. 에우리피데스의 말처럼 아내가 남자에게 최고의 재산이기 때문이다.

재테크를 해도 우리의 자산이 어떻게 될지를 염두에 두고 또 신경을 집중한다. 하물며 아내는 어떻겠는가?

아내에게 더 온 신경을 집중해야 한다. 때로는 아내에게 편지를 써서 절절한 사랑의 마음을 표현하자. 지금은 아니라고? 잘 생각해 보라. 당신이 결혼할 때 분명 아내를 가슴 깊이 사랑했다.

그 기억을 가져와 서로에 대한 사랑의 마음을 키울 필요가 있다. 아내는 나의 가장 소중한 자산임을 잊지 마라. 그래서 소중한 아내가 나와 함께하고 있음에 마음껏 감사하라.

8.
사랑

8-1.
데이트 방법

부부 사이에 데이트가 필요하다는 글을 올리고 실행에 옮겼다. **우리 부부의 추억이 담긴 곳, 경상남도 진주**를 다녀왔다. 오랜만에 돌아보는 진주성은 종종 갔던 곳인데 좀 더 새롭게 느껴졌다. 못 보던 우물도 보이고 진주의 새로운 캐릭터도 보인다.

아내와 함께 시원한 바람을 맞으며 걸으니 행복하다. 감사하다. 함께 **시간**을 보내고, 함께 **추억**을 만들어 갈 수 있다는 것이 일상 속에 잠시 휴식을 취할 수 있음이 좋았다.

진주성은 **임진왜란**으로 유명한 곳이다. 임진왜란 때 김시민 장군이 용맹하게 싸워 유명해진 곳이다. 진주성을 한 바퀴 걸으면서 보니 물고기로 꾸며 놓은 공간도 보인다. 요즘 진주에서 유명한 건 **불꽃놀이 축제와 유등 축제**다. 매년 진행하는 축제에 축제를 즐기려는 사람들이 진주를 찾고 있다.

종종 유등 축제 때도 가족들과 함께 진주를 방문하곤 하는데 아내와 둘만의 데이트로 방문하니 색다른 매력이 있어서 좋았다. 진주는 **논개 바위**로도 유명한 곳이다. 논개가 임진왜란 때 적장을 안고 남강에 투신한 일화로 유명하다. 그 시절에는 수위가 지금보다 훨씬 높았을 듯싶다.

진주에서 유명한 곳으로 진양호도 있지만 개인적으로 진주성을 방문해 보길 꼭 추천하고 싶다. 둘이서 걸어 다니며 데이트를 했더니 잠시 쉬어 가기로 한다.

스타벅스에 들러 잠시 얘기를 나눈다.

아내 : “여보랑 진주에서 데이트하니까 너무 좋아.”

나 : “그래? 나도 연예 시절 생각나고 추억이 새록새록 떠오르네.”

아내 : “기억나? 시내에 데이트 하러 왔던 거.”

나 : “응, 기억나. 그때 태산만두도 가고, 영화도 보고 재밌었지.”

아내 : “오랜만에 진주 오니까 추억이 떠오른다.”

나 : “오길 잘했네.^^ 저기서 여보한테 프로포즈했는데 시간 참 빠르네.”

아내 : “그러게. 그날 너무 행복했어. 여보, 앞으로도 더 행복하게 살자.”

서로가 공유하는 추억을 함께 기억해 보는 시간은 특별함이 있었다. **행복했던 시간을 떠올릴 수 있어서 더 즐거움**이 있다. 아내와의 사랑을 시작한 시절의 이야기와 추억은 우리를 더 행복하게 해 준다.

부부가 함께 추억을 공유하고 있는 곳을 다녀와 보길 권해 드리고 싶다. 특별한 매력이 있어서 너무 소중한 시간이었다. 우리 둘만의 데이트를 했으니 딸에게 줄 선물도 샀다. 출장을 겸해 온 데이트라 아내와 함께 아트박스에 들렀다.

딸이 좋아할 만한 스티커를 몇 장 골라 보았다. 있거나 비슷한 디자인은 제외하고, **딸이 좋아할 만한 스티커들**을 샀다.

역시, 딸의 반응이 핫하다. "**아빠, 너무 고마워.** 내가 갖고 싶었던 스티커들이야." 열심히 선택한 보람이 있다.

자녀들은 큰 것을 바라는 것이 아니다. 부모의 소소한 일상 속의 관심과 사랑을 원한다. 자녀를 사랑하지 않는 부모는 없을 것이다. 조금씩 더 사랑의 마음을 표현해 보자. 부모의 한 걸음 더 다가가는 자세로 자녀와의 관계가 더 깊어질 수 있다.

진주에 왔으니 문산을 완전히 다른 도시로 바꿔 버린 **혁신 도시**를 들렀다. 진주에는 주공이 옮겨 왔고, 다양한 공기업이 들어왔다. 함께 생긴 아파트들이 이곳을 완전히 변화시켰다. 롯데 아울렛에서 저녁을 먹기로 했다. 컨트리 맨즈에 들어갔는데 삼촌들이 친절해서 좋았다.

내부는 편안한 느낌으로 구성되어 있어서 아내와 즐거운 시간을 보낼 수 있었다. 파스타와 감자 그리고 음료를 시켰다. 이곳도 시간이 좀 흐른 후에 다시 방문하면 즐거운 추억이 될 것 같다.

기다리던 토마토 파스타와 감자 그리고 음료가 나왔다. 토마토 파스타는 맵기를 조절해 주신다. 우리 부부는 조금 맵게 먹고 싶어서 약간만 맵게 해 달라고 했다. 약간이 매운 느낌이 입맛에 딱 맞아서 좋았다.

출장 업무를 마치고 아내와 진주성도 가 보고 아트박스도 들렀다. 스타벅스에서 담소도 나누고 혁신 도시에 와서 식사를 하며 데이트를 마무리 했다. 일하느라 바쁘다는 핑계로 아내가 데이트 동선을 구성하고 식사할 곳을 정하는 날이 많았다.

이번에는 내가 계획한 동선으로 움직이며 데이트를 해 보았다. 서로에 대한 마음을 표현하는 것이 중요하다. 아내와 함께 연애를 시작한 진주에서 보낸 시간이라 더 행복했다.

경상도 남자들이 잘 못 하는 게 있다. **표현**이다. 아내를 사랑하면서 말을 잘 하지 않는다. 그럼 상대방은 얼마나 날 사랑하는지 남편의 생각을 읽기 쉽지 않다.

사랑한다고 자주 말하고, 그 사랑의 크기만큼 행동에 옮겨 보자. 아내와 데이트 코스를 정하고 함께 추억의 시간을 쌓아 보자.

분명 서로에 대한 감사한 마음과 사랑이 더 커지는 소중한 시간이 될 것이다.

> 중요한 것은 사랑을 받는 것이 아니라 사랑을 하는 것이었다.
> The important thing was to love rather than to be loved.
> - 윌리엄 서머셋 모옴

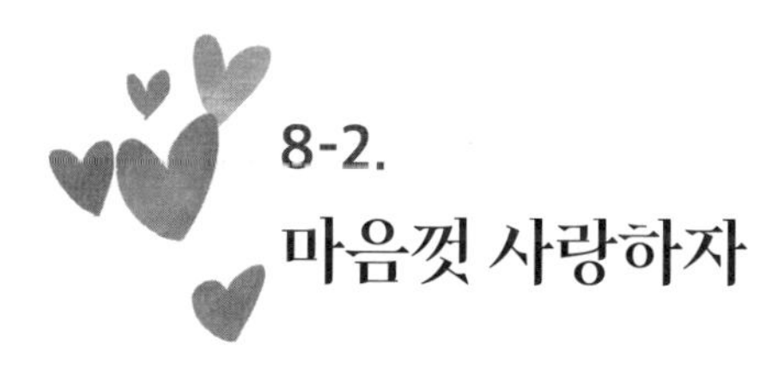

8-2. 마음껏 사랑하자

삶은 우리에게 많은 것들을 선물해 준다. 최근 이수근 씨 아내분의 투병 소식을 들으며 느끼는 게 많다. 신장의 기능이 약해져서 매번 투석을 하고 있다고 한다. 그럼에도 불구하고 일상을 살아가듯 환하게 웃으며 희망을 외치는 모습이 보기 좋았다. 거기에 +α로 이수근 씨의 든든한 남편으로서의 모습도 멋지다.

분명, 그 상황을 지나오면서 힘들고 어려운 점이 있을 것이다. 중요한 것은 어떤 상황 속에서도 **서로를 사랑하는 마음**이 아닐까? 사랑에 관한 명언이 있어서 가져와 보았다.

> **사랑의 첫 번째 의무는 상대방에 귀 기울이는 것이다. The first duty of love is to listen.**
> **- 풀 틸리히**

일상을 살아가다 보면 부부가 정말 사랑하는데 상처 되는 말을 주고받을 때가 있다. 대부분의 부부가 그렇듯 우리 부부도 종종 다툰다. 한참을 싸우다 감정이 정리되고 나면 서로 사과한다. 그리고 미소 짓게 된다. 그러면서 이런 대화를 한 적이 있다.

나 : "여보 지나 보면 정말 지나치게 사소한 일인데, 왜 다툴 때는 그게 크게 느껴지는 걸까?"

아내 : "그러게 말이야. 정말 사소한 건데 이상하게 그때는 그 감정에 너무 휘둘리게 되더라고."

나 : "맞아, 그런 감정에 휘둘리지 않도록 더 신경 써 보자."

아내 : "응, 서로 사랑하는데 상처 줄 필요 없는데 나도 좀 부족했던 것 같아. 나도 더 노력할게."

나 : "그리고 화난다고 바로 잠들지 않고 자기 전에 화해하자고 해 줘서 고마워."

아내 : "신혼 때부터 약속이잖아. 여보랑 그 약속을 하길 참 잘한 것 같아."

나 : "사랑해."

아내 : "응, 나도 사랑해.^^"

분명 너무 사랑하고 아끼는 부부 사이인데 별것 아닌 일로 다툰다. **어찌 보면 그날의 다툼도 내 잘못이었다.** 화장실 바닥 청소를 해 주기로 하고선 잊어버린 것이다. 그냥 미안하다고 하면 되는데 경상도 남자들이 그게 참 잘 안 된다.

아내가 물어보면 그냥 **"아! 내가 깜박했어. 미안해. 지금 바로 할게"** 이렇게 말하면 되는데 그게 잘 안 된다. 그러다 핑계를 대게 되고 그게 다툼으로 번진다. 돌이켜 보면 서로의 감정을 들여다보지 않아서 생기는 일이기도 하다. 먼저 사랑의 마음을 품어 보자. 그럼 사과도 쉽게 할 수 있게 된다.

가끔, 그럴 때 있지 않은가? 분명 내가 잘못했다는 거 아는데 쓸데없는 오기로 아내(남편)에게 사과하고 싶지 않을 때 말이다. 부부 사이에 자존심을 내세우는 건 부질없는 짓이다.

가장 빨리 인정하자. 아내(남편)가 **내 삶에 있어 가장 든든한 동반자이자 사랑하는 사람임을 말이다.** 사람은 망각의 동물이다. 결혼하기 전 웨딩드레스를 입었던 신부를 잘 잊어버린다. 내가 정말 사랑하는 사람이 내 아내(남편)임을 잘 기억하도록 하자.

마음껏 사랑해 주고 마음껏 위로해 주자. 위로와 사랑이 필요한 시대다. 마음의 여유가 없다. 그 여유는 남이 주는 것이 아니라 스스로 만들어 가는 것임을 깨닫는다. 아내(남편)는 나와 가장 오랜 시간을 함께 살아갈 인생의 동반자다. 인형들처럼 꼭 껴안아 주며 서로 사랑하고 위로해 주면 삶이 더 행복해진다.

각자에게 주어진 삶을 어떻게 살아 내느냐는 오롯이 본인의 몫이다. 요즘은 가능하면 조금 더 집안일을 도와주려 노력하고 있다. **지나가다 컵이**

나 그릇이 싱크볼에 몇 개 담겨 있으면 가서 설거지를 한다. 분리수거함이 가득 차 있으면 자연스레 비운다.

이렇게 변화하기까지 아내가 10년을 기다려 주었다. 참 부족한 사람인데 변화할 수 있게 해 준 아내에게 고맙다. 남자들은 참 단순하다. 설거지할 게 있어도, 분리수거함이 가득 차도 그걸 정리해야 한다는 사실을 인지하지 못할 때가 많다.

그럴 때 현명한 여자들은 남자들에게 잘 가르쳐 주어야 한다. 이 설거지와 분리수거를 이렇게, 저렇게 해서 요렇게 해야 한다고 말이다. 남자들은 빈틈이 많다. 나의 빈틈을 인정하고 아내의 도움을 받아 더 멋진 사람으로 변화해 가자. 그게 밑거름이 되어 날 정말 괜찮은 사람으로 변화시켜 준다는 것을 최근 더 깨닫는다.

10년 만에 만난 친구가 이런 말을 했다.

친구 : "알파야, 너 참 멋있게 변했다."
나 : "응? 그게 무슨 말이야?"
친구 : "그냥, 그렇다고. 10년 전이랑 다른 사람이 된 것 같아. 좋은 쪽으로 말야."
나 : "그래?^^;; 부끄럽긴 한데 고맙다."

그렇다. 나도 모르게 아내 덕에 많이 변화된 사람이 된 것이다. 여전히 부족하고 성장해야 할 것들이 많은 사람이지만 아내 말을 잘 듣고 변화하는 것을 통해 얻는 것이 분명히 있다. **그런 의미에서 아내를 더 사랑해 보자. 그럼 더 행복한 삶을 살아갈 수 있다. 마음껏 사랑하는 데는 비용도 들지 않는다. 하지 않을 이유가 없다.**

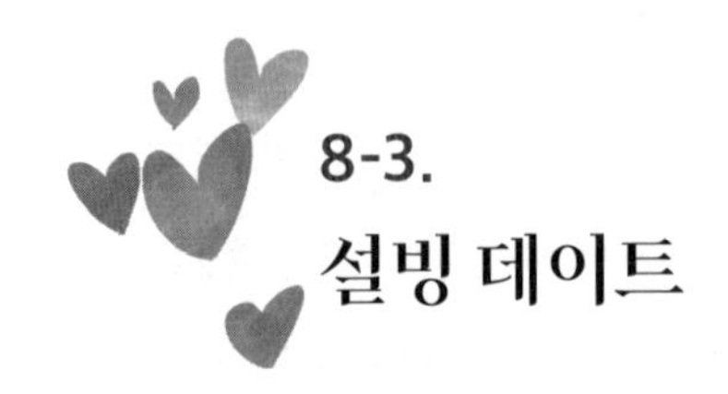

8-3. 설빙 데이트

주말에는 아내와 데이트를 하려고 시간을 비워 두었다. 딸은 할머니께 부탁 드리고 설빙에 왔다. 여기저기 연인들이 보인다. 우리도 연인처럼 딸기 빙수와 아내가 좋아하는 옥수수를 시켰다. 먹으면서 아내가 말한다.

아내 : "여보, 예전에 내가 엄마한테 옥수수 파는 사람이랑 결혼할래, 이렇게 말했었다."

나 : "왜? ㅎㅎ 옥수수를 살 수 있는 사람이랑 결혼하면 되지."

아내 : "그때는 어려서 옥수수를 너무 좋아하다 보니까 그렇게 말했나 봐."

나 : "그래서 엄마가 뭐라고 했는데?"

아내 : "옥수수 맨날 사 주는 남편이랑 결혼하라고 했어."

나 : "그럼 엄마 말한 대로 된 거네. 옥수수 잘 사 주니까. ㅎㅎ"

아내 : "맞아, 여보랑 데이트 나오니까 좋다. 어릴 때 이야기도 하고 말야."

나 : "주말에는 종종 나오자. 좋네.^^"

아내와 저녁 시간을 활용해서 설빙에 와서 빙수를 먹으며 이런저런 이야기를 나눈다. 옛 추억부터 우리가 처음 만난 이야기, 만남을 시작하기 전의 기억들을 이야기한다.

아내 : "그때 여보가 프로포즈한 거 너무 기억에 남아."

나 : "응, 그때 장학금 타서 여보 꺼랑 엄마 꺼 산 거지."

아내 : "맞아, 그래서 너무 감동이었어. 내 꺼랑 엄마 꺼까지 전부 선물해서 감동이 두 배였지."

나 : "응, 날 믿어 주고 우리 결혼할 수 있게 도와주셔서 너무 감사했어."

아내 : "엄마는 우리의 든든한 지원군이지.^^"

나 : "맞아, 그래서 감사하지. 앞으로도 더 잘하고 살자.^^"

생각해 보면 감사한 게 너무 많다. 이런저런 이야기들을 나눠 보니 결혼할 때도 그렇고 감사한 추억들이다. 아내와 종종 나와서 추억을 꺼내 보는 재미가 있다. 부부는 사랑을 먹고 자란다. 서로를 향한 사랑이 예전에도 지금도 변함없음을 확인하는 시간을 가지자.

시간이 없지 않다. 만들면 된다. 둘만 바라보는 시간을 가지면서 새로운 에너지를 만들 필요가 있다.

서로를 위하는 애틋한 마음은 유효기간이 없다. 단지 소중한 걸 잊을 뿐이다. 정말 소중한 건 내 옆에 있는 사람이다. 가장 소중한 보석을 어디에 두었는지 잊지 않도록 늘 아끼고 사랑하자.

일주일에 한 번은 시간을 내서 아내와 대화의 시간을 가지자. 그 시간이 우리에게 새로운 힘을 준다.

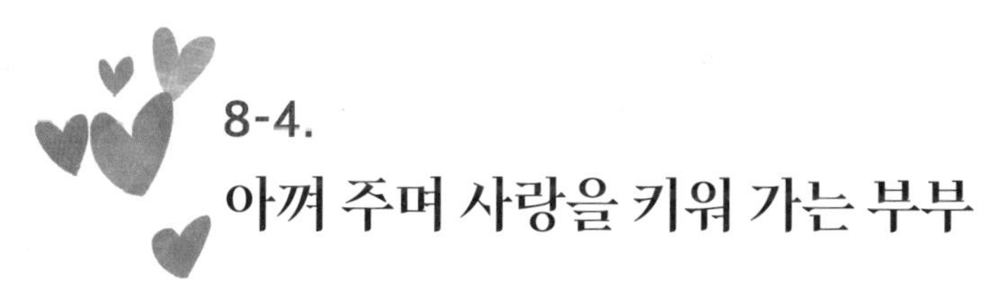

8-4.
아껴 주며 사랑을 키워 가는 부부

퇴근 후 아내와 데이트를 나왔다. 딸은 공부하고 있겠다고 해서 우리 부부에게 자유 시간이 주어졌다. 어디를 갈까 하다가 아내가 좋아하는 식당으로 드라이브를 나갔다. '부부는 이해와 배려로 아름다운 관계를 쌓아 가는 것이구나!'란 생각을 하게 된다. 음식을 시키면서부터 '이래서 부부가 좋구나'란 생각을 했다. 나는 아내가 좋아하는 음식을 찾고 있고, 아내는 내가 좋아하는 음식을 찾고 있다. 서로 이런 말을 한다.

아내 : "나는 날치알 들어가면 알레르기 반응하니까 그냥 돌솥 먹어야겠다~"

나 : "응, 여보는 전복 돌솥밥으로 하면 되겠다~ 여보, 근데 전복 돌솥밥 먹고 싶은 거 어떻게 알았어? "

아내 : "내가 여보 취향 잘 알지. 전에 보니까 전복죽 잘 먹더라고."

나 : "역시, 내 생각 해 주는 건 여보밖에 없어.^^"

아내 : "여보도 나 날치알 챙기고 있는데, 뭘.^^ 나도 고마워."

나 : "서로 취향을 알고 있다는 건 참 좋은 것 같아. 즐거운 데이트 시간을 보내 보자고.^^"

'부부가 잘 지내면 이렇게 좋은 거구나!'란 생각이 들었다. 어떨 땐 친구 같기도 하고, 어떨 땐 사랑스러운 애인이 되기도 한다. 서로 얼마든지 사랑해도 되기에 너무 좋다. 결혼을 하고 가장 좋았던 것은 데이트를 하고 헤어지지 않아도 된다는 점이었다. 우리 둘이 결정하고 움직이면 되는 게 꽤 큰 매력이란 걸 느꼈다.

신혼 초에 심야 영화를 보고 집으로 바로 들어가지 않고 심야 드라이브를 한 적이 있다. 그때 커피 한잔하면서 이런저런 대화를 나눴던 게 참 좋은 기억으로 남아 있다. 나는 아내와 함께 좋은 추억을 쌓으려 노력한다. 그 즐거운 기억이 **서로 사랑**하는 데에 큰 도움이 된다.

부부 사이에 위해 주는 마음을 받으려고 할 것이 아니라 먼저 주면 좋다. 먼저 사랑을 주면 사랑이 돌아온다. 먼저 예민함과 짜증을 주면 돌아오는 것도 불편한 감정들이 돌아온다. 옛말이 딱 맞는 것이 가는 말이 고와야 오는 말이 곱다는 것이다. 아내(남편)가 날 사랑해 주길 바란다면 먼저 사랑의 마음을 전달하자. 사랑이 더 커져서 돌아오는 걸 경험할 수 있다.

데이트를 하면서 또 한 번 느낀다. 내게 있어 최고의 재산은 마음씨 고운 아내라는 것을 말이다. 에우리피데스의 조언을 사색해 볼 필요가 있다. 아내의 소중함을 생각하면서 부부관계를 쌓아 가는 것과 그렇지 않은 것에서 큰 차이가 난다. 식사를 하고 아내에게 묻는다.

나 : "여보, 여보가 좋아하는 ○○ 커피숍 갈까?"

아내 : "거기 좋지. 근데 차 타고 조금 가야 되는데 귀찮지 않겠어?"

나 : "난 여보랑 드라이브하는 것 같아서 좋은데?"

아내 : "그럼 나야 너무 좋지. 사실 거기 가고 싶긴 했어. 고마워.^^"

운전하는 걸 좋아하기도 하고 부담스러워하지 않아서 식사하고 경치가 좋은 커피숍으로 이동을 했다. 날 배려해서 가고 싶다는 말을 데이트를 하면서 꺼내 놓는 아내를 보며 참 감사했다. 배려하는 마음씨 좋은 아내를 둔 나는 최고의 자산가이기 때문이다. 어떤 상황에 있더라도 내 편이 되어 주는 아내가 있다는 사실은 큰 힘이 된다.

결혼식에서 늘 듣는 말이 있다. "기쁠 때나, 슬플 때나, 아플 때나, 건강할 때나 어느 때든지 평생 아껴 주고 사랑하시겠습니까?" 이 대답에 시원하게 "네"라고 대답하고 결혼을 한다. 그때 서로에게 그리고 하객들 앞에서 아끼며 살아가겠다고 약속하고 시작한 것이 부부 생활이다.

함께 가장 오래 살아가는 부부가 서로를 더 아껴 주며 사랑할 때 그 관계에서 오는 행복이 더 커지지 않을까?

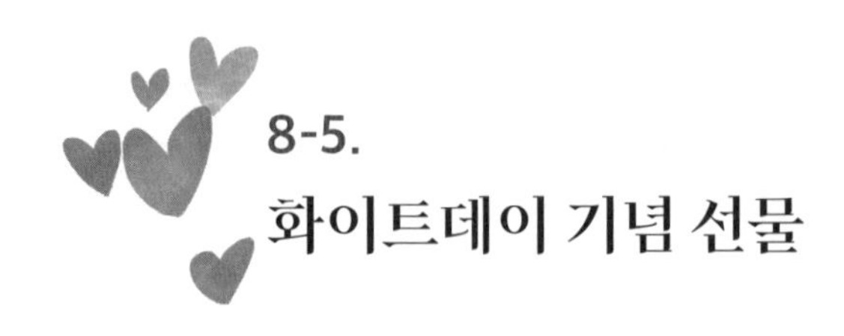

8-5.
화이트데이 기념 선물

화이트데이를 맞아서 아내와 즐거운 시간을 보내 본다. 작은 정성이 들어간 편지와 마음이 담긴 선물이다. 아내가 평소에 갖고 싶어 했던 텀블러를 구매했다. 아내가 물개 박수를 치면서 행복해하는 모습을 보니 '참 잘했구나' 싶다. 평소에 아내가 관심을 갖고 있는 것에 관심을 가지자. 사실, 이 텀블러는 아내가 수차례 갖고 싶어 했던 것이다.

텀블러가 있어서 다음에 사자고 돌아왔는데, 화이트데이 기념으로 선물을 할 걸 생각하니 이 텀블러가 생각이 났다. 사람은 누구나 자신에게 관심을 가져 주는 걸 좋아한다. 하물며 아내들은 더 관심을 받고 싶어 한다. 그래서 남편들이 조금 더 신경을 써야 하는 것이다. 아내는 선물도 좋지만 평소에 갖고 싶었던 것을 기억했다가 사 주는 것이 더 고맙다며 행복해했다.

그리곤 내가 좋아하는 히비스커스 차를 타 준다. 부부 사이에 서로에게 잘하면 그것만큼 좋은 게 없다. 사랑은 서로에게 전달할수록 커진다.

사랑 + 사랑 = 더 큰 사랑이 된다.

오드리 햅번은 "인생에서 가장 붙잡아야 할 것은 사랑입니다"라는 명언을 남겼다.

우리 삶 속에서 가장 오랜 시간을 함께 보내는 사람은 바로 내 옆에 있는 배우자다. 아내(남편)에게 잘해야 할 이유가 이것 하나만으로도 충분하다. 인생에서 가장 붙잡아야 할 사랑을 붙잡고 남편(아내)에게 주자. 사랑이 더 커져서 나에게 돌아오는 것을 경험할 수 있다.

사랑과 배려도 습관이다. 습관처럼 아내(남편)을 사랑하자. 서로의 마음이 오고 가는 진심 속에 행복이 피어난다. 서로 잘 표현하지 않아도 이 글을 보고 한번 표현해 보자.

"사랑해"라고 말이다. "미쳤어?"라고 표현이 돌아올지도 모른다. 하지만 속마음으로는 '평소에 자주 표현 안 해서 어색한데 사랑해라는 말은 듣기 좋네'라고 생각한다.

자주 안 해서 마음과 반대말이 나오는 것이다. 그것에 대한 해결책은 하나다. 자주 표현하는 것이다. "사랑해"라는 말을 매일 하면 안 하는 게 어색해지는 상황이 온다. "사랑해"라는 표현을 하는 것도 연습이 필요하다. 어색함을 넘어서면 습관이 된다. 습관을 넘어서면 루틴이 되고, 루틴을 넘어서면 생활이 된다.
생활 속에 사랑을 자주 외칠 수 있는 나와 여러분이 되길 바라 본다.

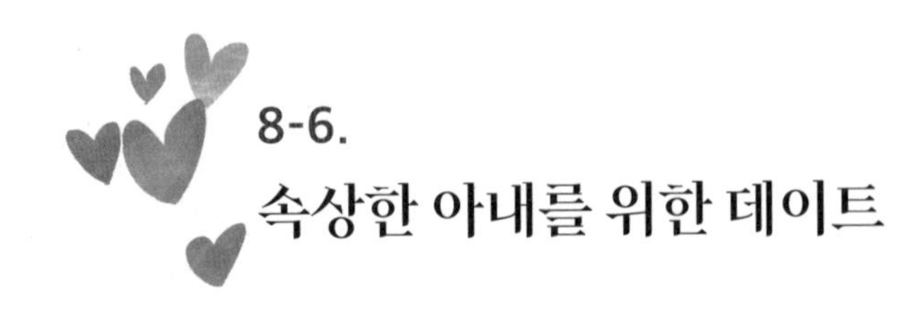

8-6. 속상한 아내를 위한 데이트

아내에게 속상한 일이 있어서 모처럼 작정하고 데이트를 나왔다. 둘만의 시간을 가지면서 이런저런 이야기도 나누고 데이트를 하니 세상 행복하다. 데이트엔 역시 달달한 음식이 최고다. 커피 한잔하면서 아내와 대화를 나누는 시간이 참 행복하다. 속상한 아내의 마음을 풀어 주기 위해 작은 편지도 한 장 작성했다.

손편지는 그 자체로 매력이 있다. 내 마음속 이야기를 적어서 아내에게 선물했다. 아내가 너무 기뻐해서 늘 편지 쓰는 맛이 난다. 대부분의 남편들은 무뚝뚝하다. 그래서 아내분들의 리액션이 중요하다. 행복한 미소와 기쁨을 온몸으로 표현해 주면 더 좋다.

나도 아내의 그런 행복한 리액션 덕분에 더 열심을 낼 수 있었다. 커피 한 잔의 여유를 보내고 데이트 장소를 옮겨 보았다. 센텀 신세계 백화점과 몰 사이 공간에 Hyper space가 생겼다. 조명과 거울 그리고 화이트 톤으로 이쁘게 디자인된 공간이라 좋았다.

동심으로 돌아가 아이처럼 사진도 찍고, 즐거운 시간을 보내니 행복이 저절로 찾아온다. 짧은 백화점 데이트를 뒤로하고 광안대교로 드라이브를 나왔다. 부산의 대표적인 관광명소가 된 광안대교는 언제 와도 좋다.

시원하게 불어오는 바람과 파도가 일렁이는 한적함이 마음을 편안하게 한다. 짧고 굵게 광안대교 뷰를 보며 광안리를 지난다. 광안리를 지나 오는 길에 MILLAC THE MARKET을 들렀다. 이 편한 세상 아파트 근처에 생긴 핫플이라 한다. 귀여운 캐릭터가 우릴 반긴다.

살짝 둘러보니 다양한 매장들이 입점해 있어서 데이트 코스로 돌아 보기에 좋은 곳이다. 각종 음식과 티타임을 할 수 있는 카페가 있어서 좋다. 스타벅스도 위치해 있어서 커피 한잔의 여유를 느끼기에도 좋은 곳이다.

한 바퀴 쓰~윽 둘러보니 여기저기 즐거움을 만들 수 있는 핫 스팟 매장들이 많이 위치해 있다. 종종 아내와 데이트할 때 들리면 좋을 것 같다. 부모 아니랄까 봐 아내와 나는 다음엔 딸과 함께 오자는 말도 남겨 본다.

한 바퀴 둘러본 후 스타벅스에서 커피를 사서 티타임도 가졌다. 이렇게 데이트하는 데 4시간이 소요되었다. 짧은 시간 동안 우리 부부는 아주 행복한 시간을 보냈다.

데이트를 마친 후 아내가 행복한 표정으로 이렇게 말했다.

아내 : “여보, 날 위해서 이렇게 시간 내서 데이트해 줘서 고마워. 감동이야!”

나 : “여보가 행복했다니까 나도 너무 기쁘네.^^ 사랑해♡”

남편의 작은 마음이 아내를 행복하게 한다. 사랑을 받는 아내는 그런 남편을 더 사랑하게 된다.

부부는 매일 사랑을 키워 가야 한다. 그렇게 행복을 꽃피우고 살아가자. 같은 편에게 더 잘할수록 나에게 좋다는 점을 잊지 말자.

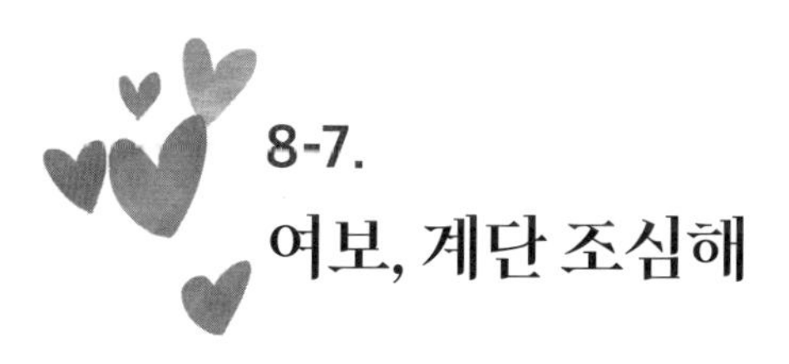

8-7.
여보, 계단 조심해

부부관계의 기본은 배려다. 아내와 데이트를 할 때 커피숍을 종종 간다. 요즘은 대형화된 커피 전문점이 많아서 지하 1층부터 4층까지 모두 커피숍인 곳을 가곤 한다.

그럴 때면 아내에게 이렇게 말한다. "여보, 계단 조심해." 결혼 초기에 '나이가 들어도 꼭 기억해야지!'라고 생각했던 말이다.

아내에게 하는 따뜻한 말이 그것이다. 보통의 남자들은 마음이 있어도 표현하지 않는다. '알아서 잘 오겠지?'라고 생각한다. 만약 계단 조심하라는 말 한 마디에 천 냥 빚을 갚을 수 있는 사랑이 생긴다면 하지 않을 이유가 있을까?

어김없이 아내에게 말했다. "여보, 계단 조심해." 아내가 말한다. "여보, 심쿵했어. 여전히 날 생각해 주는 거야?"

그렇다. 여전히 아내를 생각한다. 사랑하는 데 비용이 들지 않고 배려하는 데 수고가 크지 않다. 그저 말 한 마디다.

차가 올 때 차 안쪽으로 아내를 돌려세우고, 계단을 지날 때 손잡아 주면 된다. 그게 그렇게 어려운 일이 아니다. 그런데 남자들에게는 어려운 일일 수 있다. 그래서 의지가 필요하다. '아내를 배려하고 사랑하겠다'라는 마음이 필요하다. 대체로 남자들은 무심하다. 큰 사건 이외에는 별 관심이 없다.

덕분에, 아내에게 세심한 관심을 표현하지 못하는 것일 수 있다. 그래도 가끔은 아내에게 내 진심을 보여 주자.

'나는 당신을 사랑합니다', '나는 아내를 정말 사랑한다'라는 것을 마음속으로만 생각하지 말고 표현해라. "사랑해", "고마워", "조심해" 등의 사랑이 담긴 말을 하자.

한국 사람들은 표현에 약하다. 표현도 연습이다. 계속하다 보면 더 좋아진다. 우리 부부는 매일 "여보, 사랑해"라는 말을 한다. 여러 번 한다. 처음이 어렵지, 계속하다 보면 생활이 된다. 2010년에 결혼했으니 이제 우리도 신혼이라 불리는 시간은 지난 지 오래다. 수많은 결혼 선배님들 앞에서 이런 말을 하는 게 주제넘을지 모른다.

허나, 앞으로도 우리 부부는 이렇게 사랑을 키우며 살아갈 것이다. 그 중

심에는 단단한 마음가짐이 있어야 한다. 그저 사랑을 표현하고, 배려를 생활화하자. 그 사랑과 배려의 대상이 남이 아니라, 아내를 향하게 하자. 그곳에 결실이 있다. 열매가 있다. 그 결실과 열매는 당신의 것이 될 것이다.

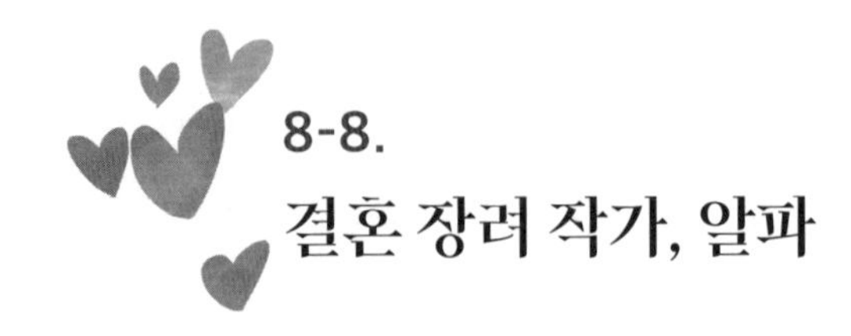

8-8.
결혼 장려 작가, 알파

필자는 결혼 장려 작가다. 필자의 결혼 생활이 행복하기에 나의 이야기를 쓰고 모두가 행복하게 살아갔으면 하는 바람이 있다. 평생 신혼 같은 부부가 목표인 필자라 아내와 늘 서로 사랑하기 위해 노력하는 삶을 살고 있다. 더불어 필자의 모습을 보고 독자분들도 행복한 부부 생활을 영위하시길 바란다.

결혼은 두 사람의 만남이면서 동시에 두 집안의 만남이다. 양쪽 집안이 적응이 될 시기가 되면 자녀가 태어난다. 그때부터는 육아의 향연에 들어가게 된다. 너무 좋지만 역설적으로 너무 힘든 시간을 보내야 한다.

'왜 이렇게 힘들지?'라는 생각을 하다가도 '아! 정말 행복하다'라는 생각을 동시에 하는 시기이기도 하다.

이 시기를 지나고 나면 이제 자녀 교육에 대한 의견이 분분한 시기를 지나야 한다. 그렇게 끊임없이 숙제를 마주하며 살아가는 것이 부부다.

똑같이 만나는 상황이지만 대처가 다르다. 그래서 현명한 부부 생활이 필수적이다. 행복한 부부가 되기 위해 제일 필요한 것은 대화다.

서로의 생각을 알고 살아가야 행복한 삶을 살 수 있다. 이웃분이 언급한 것처럼 필자는 결혼 장려 블로거가 맞다. 결혼해서 살아가는 부부가 미혼보다 훨씬 더 행복하다고 자부하기 때문이다. 단, 서로를 위해 줄 수 있는 배우자를 만났다는 전제가 있다.

결혼을 하면 내 편인 사람이 세상에 한 명 생긴다. 그 사실만으로도 정말 큰 위로와 힘을 얻을 수 있다.

부부가 서로 같은 방향을 보고 살아가는 것이 중요하다. 서로 위하는 삶을 살기 위해 노력해야 한다. 그래서 우리 부부는 서로 손편지도 자주 쓰고 데이트도 자주 한다.

시간이 날 때 여행을 가기도 하고, 함께 추억을 쌓으며 살아가고 있다. 행복한 부부 생활을 하고 싶다면 내가 받고 싶은 만큼 먼저 주자. 아내에게 사랑한다 말해 주고, 고맙다 말하자. 작은 표현이 삶을 더 행복하게 한다.

Summary

인생에서 가장 붙잡아야 할 것은 사랑입니다.

- 오드리 햅번

사랑을 붙들고 살아가야 한다. 필자는 요즘도 차가 지나가면 아내를 차 반대편으로 옮긴다. 계단을 오를 때면 손을 잡고 올라간다. 아내를 향한 사랑을 행동으로 표현하는 것이다.

아내는 나에게 말한다. "여전한 여보의 배려가 너무 좋아"라고. 남편들은 아내를 더 소중히 여겨야 한다. 그것만으로도 두 사람의 사랑을 충분히 키워 갈 수 있다.

9.
동행

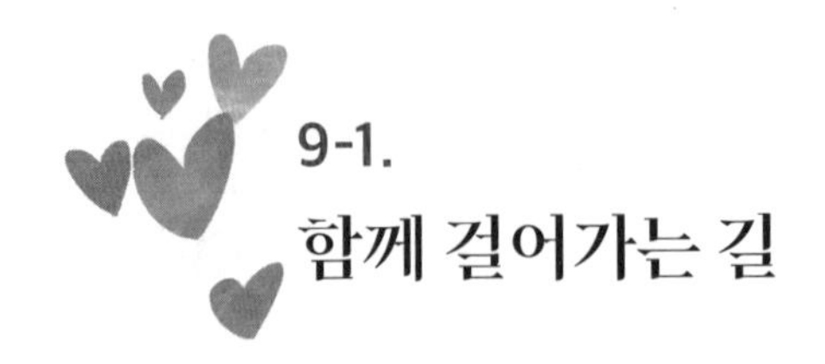

9-1.
함께 걸어가는 길

부부는 인생을 함께 걸어가는 사이다. 결혼할 때 주례사에 등장하는 단골 멘트가 있다. “두 사람은 아플 때, 슬플 때나, 기쁠 때나 어느 때든지 변함 없이 서로를 사랑하시겠습니까?”라는 말이다. 이 땅을 살아가는 모든 부부는 이 질문에 “네!”라고 힘차게 대답했을 것이다. 그때의 기억을 잊지 말자. 부부는 함께 걸어가는 사람들이다.

퇴근 후 산책을 같이 하고, 일상을 공유하며, 삶을 함께 살아간다. 자녀를 사랑으로 키우며 서로를 사랑하며 살아가야 한다. 혼자 걸어가면 외롭다. 그래서 두 사람이 힘을 합쳐서 걸어가야 한다.

그 대상이 내가 사랑하는 사람이라면 그 인생에 행복이 함께할 것이다. 아내와 함께 보폭을 맞춰서 걸어가자. 내가 사랑하는 사람이다. 늘 아껴주고, 배려해 주고, 사랑하는 것에 인색하게 굴지 말자. 정말 내가 세상에서 가장 잘해 줘야 할 사람은 내 옆에 있는 사람임을 기억해야 한다.

산책을 가면 아내와 두 손을 맞잡는다. 손바닥과 손바닥을 함께 쥐고 걸어가면 따뜻함이 있다. 그 온기로 서로의 사랑을 더 느끼게 된다. 결혼한 지 N년 차가 되면 생각보다 많은 부부가 손을 잡지 않고 멀뚱멀뚱 따로 걸어가는 경우를 자주 본다.

어차피 한 번 사는 인생인데 아내와 함께 즐겁게 살아가는 사람이 현명한 인생을 사는 것 아닐까? 아내 사랑에 힘을 조금 더 쏟아 보자. 먼저 손 내밀고 먼저 사랑을 속삭여 보자. 먼저 내민 손 덕분에 아내도 더 활짝 웃으며 화답해 줄 것이다.

기억하자. 아내와 함께 살아가는 인생이다. 나 혼자 천상천하 유아독존을 외치며 사는 인생이 아님을 기억해야 한다. 가끔 아내는 집에 두고 골프, 할리 데이비슨 동호회 활동, 마라톤, 수영, 볼링 등 다양한 취미활동을 즐기는 남편분들을 본다.

금실이 좋을 수가 있겠는가? 동행해야 행복한데 따로 시간을 보내면 즐겁기 쉽지 않다. 혹자는 이런 말도 하더라. 집에서 자주 보기 때문에 동호회 활동으로 떨어져 있어야 한다고 말이다. 근데, 자세히 들여다보면 서로에게 불편한 부분이 있는 경우지, 따로 있는 게 좋은 것은 아니더라.

두 사람이 같이 오래 있어도 즐거울 수 있도록 대화를 많이 해야 한다. 상대방이 싫어하는 것은 하지 않도록 변화할 필요가 있다. 아내는 필자가 혼자 취미 생활을 하는 걸 원하지 않는다. 그건 나도 마찬가지다.

사랑하면 오랜 시간 함께 있고 싶다. 그게 정상이다. 떨어져 있고 싶고, 따로 지내고 싶은 것을 정상적이라고 표현하지 말자. 그건 적당히 살고자 하는 마음을 합리화하려는 생각에서 오는 것이다.

서로 사랑하며 따뜻한 동행을 하는 사람들은 서로를 아끼고 함께하고 싶어 한다. 산책도, 여행도, 취미 생활도 둘이서 함께 하는 경우가 많다. 부부가 함께 걸어가는 인생이 아름답다. 그렇게 서로 손을 맞잡고 아름다운 삶을 살아갔으면 좋겠다.

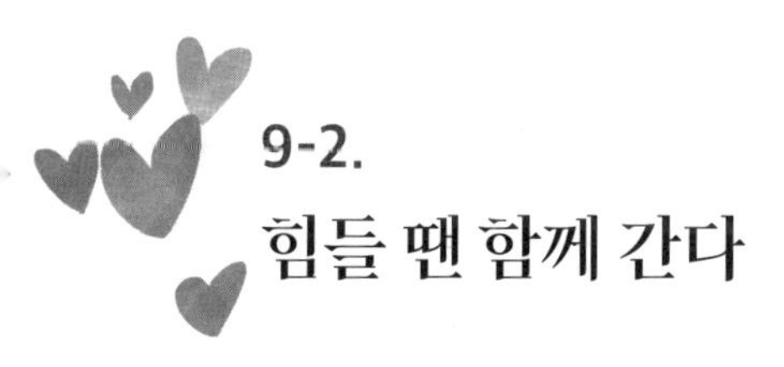

9-2.

힘들 땐 함께 간다

인생을 살아가다 보면 예기치 못한 폭풍을 만날 때가 있다. 너무 강도가 세서 감당하기 어려울 때가 있다. 우리나라를 강타했던 태풍 매미처럼 우리 삶을 송두리째 쓸어버리는 태풍이 지나갈 때면 참 고통스러운 시간을 보낸다.

이럴 때는 반드시 아내와 함께 힘을 합쳐서 잘 이겨 내야 한다. 폭풍 앞에 함께 비바람을 피하기도 하고, 때로는 함께 비바람을 뚫고 나아가기도 해야 한다. 서로를 지키기 위해 몸부림을 쳐야 한다. 그래도 해결책이 보이지 않을 때는 작전 타임이 필요하다.

힘든 상황을 만날 때면 24시간을 운영하는 커피숍을 자주 가곤 했다. 그곳은 우리의 아지트다. 거기서 작전을 세운다. 태풍을 지혜롭게 지나갈 방법을 만든다. 그 과정을 위해 대화하는 시간을 가진다. 서로의 의견을 제시하고 더 좋은 방법을 찾는다. 결국엔 두 사람이 한편이 되어 머리를 맞댄 덕분에 태풍을 무사히 지날 수 있게 된다.

사업 초기에 우리가 그랬다. 고객, 직원, 세금, 매출, 거래처 관리 등 어느 것 하나 쉬운 게 없었다. 하루를 열심히 보내고 사무실에 돌아와 우리 부부는 함께 식사를 하고 커피를 마시며 이야기를 나눴다.

나 : "여보 오늘 하루도 수고 많았어."
아내 : "응, 여보도 정말 수고했어.^^"
나 : "여보랑 함께 일할 수 있어서 즐거워."
아내 : "응, 나도 그래. 고마워, 여보."

이렇게 대화를 하면서 '이래서 부부가 하나구나'란 생각을 했다. 고객 클레임 때문에 힘든 하루를 보낸 날이었다. 개선장군까지는 아니더라도 수고한 서로에게 인사를 건네며 저녁 식사를 했다. 그리고 함께 차를 마시며 하루를 마무리했다.

아내와 함께 힘든 상황들을 정리하고 참 뿌듯했던 기억이 남아 있다. 별것 아닌 일상이지만 함께 서로를 응원하고 "수고했어"라고 한마디 위로와 격려를 건네는 움직임이 큰 힘이 된다. 부부는 그렇게 힘든 것들도 함께 들고 걸어가는 사람들이다.

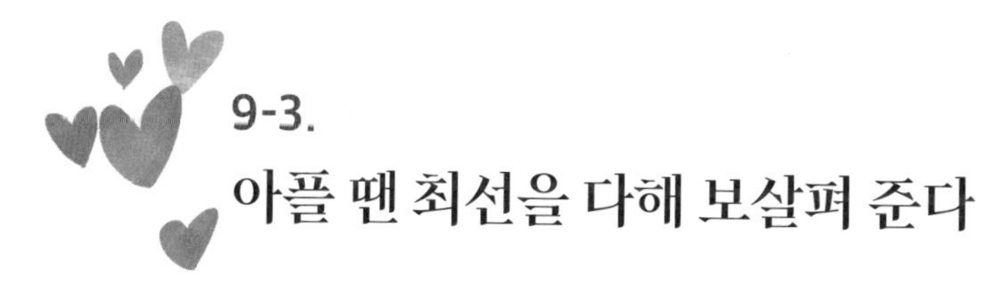

9-3.
아플 땐 최선을 다해 보살펴 준다

살아가다 보면 부부 중 한 사람이 아플 때가 있다. 그럴 때면 최선을 다해서 보살펴야 한다. 내가 사랑하는 사람이 아픈데 당연히 더 신경 써야 하지 않겠는가? 회사원이라면 월차, 반차, 연차를 내고 아내와 함께 병원에 가야 한다.

가끔 배우자가 아픈데도 바쁜 일 핑계를 대고 일만 하는 사람들을 볼 때가 있다. 참 안타까운 일이다. 정작 내게 소중한 사람이 누구인지를 잘 모르고 살아가는 것 같다. 미래의 행복을 위해 현재의 행복을 희생시키는 건 불행을 양산하는 것임을 깨달아야 한다.

아프면 사람 마음이 약해진다. 필자는 아내가 아프면 시간을 내서 함께 병원을 가는 편이다. 정말 피치 못할 사정이 있을 땐 할 수 없지만 그런 노력이 부부의 사랑을 키운다. 덕분에 아내도 필자가 아프면 정말 최선을 다해 병간호를 해 준다.

아픈 경험이 있으면 더 느끼게 된다. 아플 때 날 사랑하는 사람의 보살핌이 얼마나 큰지, 그 따뜻한 마음이 얼마나 필요한지를 깨닫게 된다. 아플 때는 사람의 마음이 약해진다. 그럴 땐 그 약한 마음을 보살펴 줄 소중한 내 배우자가 필요하다.

부부는 그렇게 아픈 순간들을 함께하며 전우애를 쌓아 간다. 그렇게 서로에게 고마운 순간들을 추억으로 차곡차곡 쌓아 가는 것이다. 행복하고 즐거운 시간만 우리 삶에 중요한 것이 아니다. 아프고 힘들었던 순간을 함께 보내는 사랑스러운 아내가 있다는 사실이 얼마나 감사한 일인지 모른다.

여러분도 그랬으면 좋겠다. 배우자가 아프면 아낌없이 사랑해 주고 보살펴 주자. 아내를 위한 죽을 사고, 병원으로 동행하는 여유를 가지자. 그렇게 서로를 위해 쌓은 시간이 힘이 된다. 그 시간들이 쌓여서 서로를 향한 마음이 큰 사랑으로 자리 잡게 된다.

아내(남편)가 아프면 주저 없이 달려가자. 마음껏 보살펴 주고 사랑해 주자. 이마에 손을 얹어서 열이 얼마나 나는지, 목은 괜찮은지 확인하자. 단순한 감기라고 치부하지 말고, 감기에 걸렸더라도 마음을 다해 보살펴 주자. 그 시간이 부부에게 정말 소중한 시간이 되어 줄 것이다.

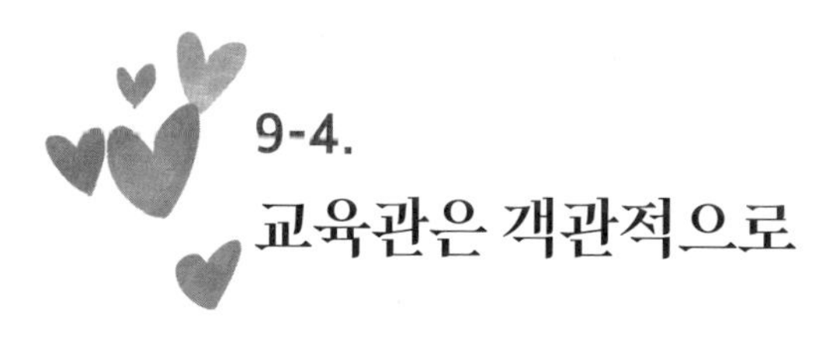

9-4.
교육관은 객관적으로

부부는 일정 시간이 지나면 자녀를 낳게 된다. 제일 많이 부딪히는 부분 중 하나가 육아 방법, 교육 방법이다. 각자가 자녀를 바라보는 시각이 다르다. 그래서 교육관을 맞춰 가는 것도 쉽지 않다. 덕분에 자주 다툴 수 있다.

생각의 다름을 인정하기가 쉽지 않다. 상대방의 말이 맞다고 인정하면 마치 내 말은 틀린 것처럼 느껴지기 때문이다. 뭔가 지는 기분이 들다가 심지어 자존심이 상하는 것 같은 감정도 느끼게 된다. 이런 생각이 드는 것이 지극히 당연하다.

부부가 서로 너무나 다르기 때문이다. 그래서 생각을 함께 나누고 합의점을 잘 찾아갈 필요가 있다. 어느 교육 기간에서 공부를 시킬지, 어떤 선생님에게 교육을 시킬지도 부딪힐 수 있다. 그럴 때마다 대화를 해야 한다.

교육에 있어서는 정말 더 많이 대화가 필요하다. 자녀를 사랑하는 부모의 마음이 같기에 자신의 방식이 맞다는 착각을 할 수 있다. 그래서 '남편이 맞고 아내는 틀리다. 아내는 맞고 남편은 틀리다'는 이분법적인 접근 방식이 아니라 서로가 다를 수 있다는 접근이 필요하다.

생각은 충분히 다를 수 있다. 정답을 찾으려는 태도를 버리면 조금 더 현명한 방법을 찾을 수 있다. 충분한 대화를 통해 자녀를 더욱더 객관적으로 바라볼 수 있어야 한다. 자녀가 사랑스러운 아이로 자라는 것에 기본을 둬야 한다.

그리고 어떤 교육이 필요한지를 분석해 볼 필요가 있다. 잘하는 것을 더 잘할 수 있도록 양육해 주는 것이 부모의 역할이다. 음악, 미술, 체육, 공부 등 어떤 분야에 특출한 재능이 있는지를 살피고 객관적으로 집중 교육을 해 줄 필요가 있다.

이때에는 자녀와 충분한 대화가 필요하다. 어떤 분야로 가고 싶은지에 대해 함께 탐구해야 한다. 먼저 꿈을 설정하고, 다음 생각과 행동을 결정하는 것이 수순이기 때문이다. 그렇게 나온 필자의 딸의 꿈은 판사다. 그래서 판사가 될 수 있도록 열심히 공부에 집중하는 시간을 쌓고 있다.

자녀를 볼 때는 객관적인 시각이 필요하다. 공부를 잘하는 아이로 키우고 싶은데 야구에만 관심이 있는 자녀라면 공부가 아니라 야구를 시켜야 한다. 자녀는 부모의 아바타가 아니다. 잘하는 것을 더 잘할 수 있도록 돕는 조력자란 사실을 잊어서는 안 된다.

교육관은 서로 조금 더 객관적인 시각을 가지고 접근해야 한다. 그래야 실수를 예방하고, 나아가 시행착오를 줄일 수 있다. 내 자녀라고 무조건 좋게 볼 것이 아니라 조금 더 객관적인 시각으로 판단해 볼 필요가 있다. 부부는 그렇게 자녀의 양육도 지혜를 모아야 한다.

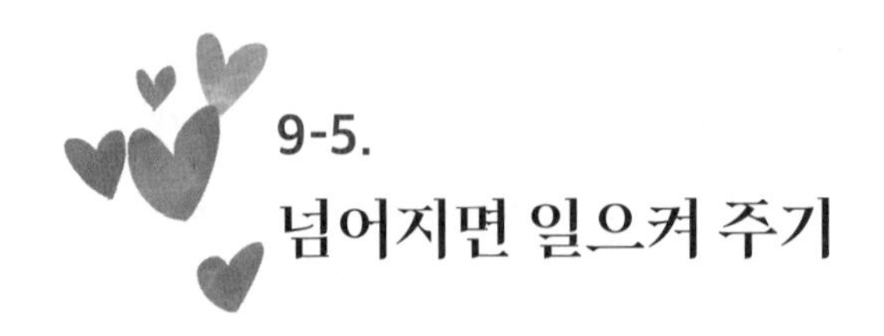

9-5. 넘어지면 일으켜 주기

부부가 삶을 살아가다 보면 넘어지는 시기가 있다. 회사에서 어려운 일을 경험하기도 하고, 사업을 운영하다가 난관을 만나기도 한다. 때론 마음에 어려움이 생겨서 힘든 시기를 보낼 때도 있다. 부모님이 아픈 경험을 하기도 하고, 자녀가 아파서 발을 동동 구를 때도 있다.

이럴 때는 서로에게 든든하게 버팀목이 되어 주어야 한다. 서로의 손을 꼭 잡고 넘어졌을 때 일으켜 세워 줘야 한다. 부부는 기쁜 일, 슬픈 일, 힘든 일, 즐거운 일을 모두 함께 경험하며 살아가는 인생의 동반자다.

특히나 힘들 때 큰 의지가 되는 관계다. 우리 부부도 사업체를 운영하면서 힘들었던 시기가 있었다.

직원들로 인해 받은 상처가 아물지 않았던 시기가 있었다. 그때 우리 부부는 서로의 손을 부여잡고 자주 바닷가로 가서 바람을 쐬었다. 그리고 커피숍을 가서 커피를 마시며 서로를 위로했다. "그럴 수도 있다. 결국엔 지나갈 거니까 힘내자"라는 말을 하며 서로를 일으켜 세웠다.

시간이 지나면 힘든 일들도 잊힌다. 인간은 망각의 동물이다. 이 사실이 얼마나 감사한지 고통의 시간을 지난 사람은 알 것이다. 그때는 다시 일어날 힘이 없을 정도로 힘든 경험이었다. 사람을 만나는 게 힘들었고, 배신감에 치를 떤 시간이었다.

그럼에도 불구하고 서로 함께 힘을 내면서 시간을 보내니 그때의 힘든 경험이 성숙에 큰 도움이 되었음을 느낀다. 조금 더 단단해지고, 조금 더 성숙한 내 모습을 만날 수 있었다. 때론 삶 속에서 이해할 수 없는 경험을 하게 될 때가 있다.

그런 경험이라 하더라도 피하지 말자. 당당히 맞서 나아가자. 그 과정이 고통스럽다 할지라도 결국엔 열매가 되어 우리에게 보답해 줄 것이다. 힘든 순간을 만났다면 더 부부는 손을 맞잡아야 한다. 함께 걸어가며 힘차게 이겨 내야 한다.

그렇게 서로의 넘어진 순간을 일어서는 순간으로 바꿔 갈 수 있다. 부부는 힘든 경험을 통해 깊어진다. 그 경험을 계속 쌓아 가는 경험을 했으면 좋겠다.

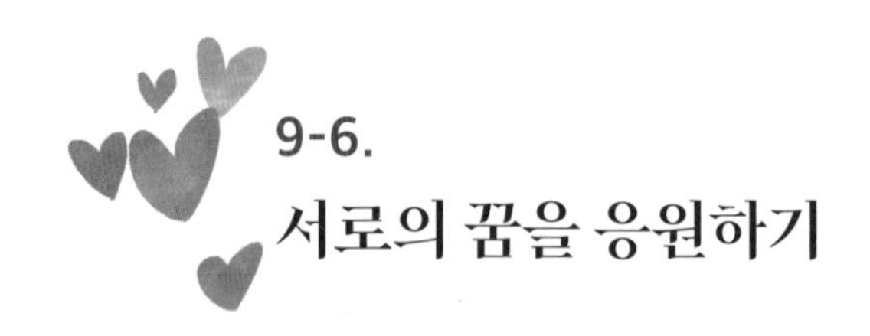

9-6.
서로의 꿈을 응원하기

부부는 서로의 꿈을 응원해야 한다. 결혼을 하면서 아내에게 한 말이 있다. "난 여보가 엄마로만 살지 않았으면 좋겠어. 여보의 이름으로 세상에 존재감을 드러내며 살았으면 좋겠어." 아내는 "고마워"라고 감사 인사를 했다.

지금 우리 부부는 서로의 꿈을 응원하고 있다. 아내는 음악을 전공해 계속해서 공부를 하면서 커리어를 쌓아 가고 있다. 나는 작가로, 인테리어 디자이너로 커리어를 쌓아 가고 있다. 우린 그렇게 서로의 꿈을 응원하며 서로가 더 잘될 수 있도록 힘을 주고 있다.

아내는 내가 글을 쓸 수 있도록 배려해 준다. 좋은 책을 쓸 수 있도록 영감의 문장을 떠올리게 해 주기도 하고, 글쓰기에 집중할 수 있도록 저녁 시간에는 시간을 양보해 주기도 한다. 그렇게 부부는 서로의 꿈을 응원해야 한다.

필지가 쓴 글을 읽으면서 피드백을 해 주기도 하고, "베스트셀러가 되었으면 좋겠다", "베스트셀러가 될 거야!"라는 응원의 메시지를 건네준다.

부부는 그렇게 서로의 손을 맞잡고 힘을 내어 걸어가는 사람들이다. 서로 누가 더 잘하고, 누가 더 못했냐를 계산하는 관계가 아니다. 서로가 더 잘될수록 서로에게 더 좋은 그런 특별한 관계다. 내 아내, 내 남편이 더 잘될 수 있도록 온 힘을 다해 응원하자.

그 응원이 힘이 되어 서로를 밀어주는 추진력으로 변하는 걸 경험하게 될 것이다. '가화만사성'이라는 말이 있다. 집안이 화목하면 모든 일이 잘된다는 말이다. 서로의 꿈을 응원하려면 먼저 서로 깊이 사랑해야 한다.

가정이 평안할 때 더 큰 힘을 주어 배우자를 응원할 수 있다. 부부 사이에 하지 말아야 될 말 중 하나가 "여보, 할 수 있겠어?"라는 말이다. 이 말이 떠오른다면 지금 즉시 이렇게 바꿔 말하자. "여보, 할 수 있어!"라고 말하자.

말에 권세가 있다. 말에 힘이 있다. 아내(남편)에게 하는 한 마디, 한 마디가 모여 앞으로의 미래를 결정한다. 100권의 책을 출간하고 싶은 꿈이 생겼다고 했을 때 아내는 내게 말했다. "여보, 할 수 있어. 내가 응원할게!"라고 말이다.

그 덕분에 4번째 책이 출간될 수 있었다. 『위너러브』는 응원으로 나온

책이다. 이제 4스텝 왔다. 100스텝까지 부지런히 걸어가 보려 한다. 독자 여러분들과 함께 멋진 여정을 그려 나가고 싶다.

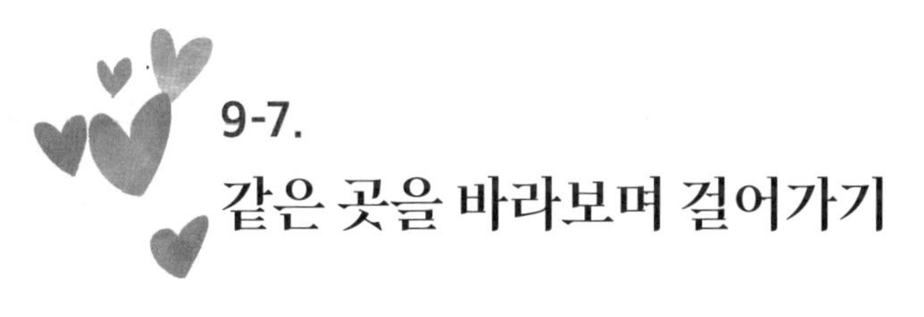

9-7.
같은 곳을 바라보며 걸어가기

부부는 같은 곳을 바라보며 걸어가는 사람들이다. 어떤 마음으로 결혼했는지를 잊지 말자. 내가 살아가고 있는 내 배우자는 세상에서 제일 사랑하는 사람이다. 가장 큰 사랑의 마음을 지키고 싶어서 한 것이 결혼이다.

힘들거나 마음에 어려움이 있을 때마다 다시 결혼 때의 마음을 떠올려야 한다. 마음이 상하거나 생각이 일그러질 때 꼭 다시 한번 결혼 전 나의 마음을 들여다보자. 그 사랑의 몽글몽글함과 기쁜 감정 하나하나를 잘 살피고 돌아오자.

맞다. 내 배우자는 내게 그렇게 소중한 사람이었다. 단지 현재의 상황과 환경에 매몰되어 그 좋고 사랑했던 감정을 잊어버리는 실수를 범했을 뿐이다.

결혼해서 많은 부부가 다투면서 서로를 알아 간다. 그 시간을 보내고 나면 더 서로를 사랑하며 살아가면 된다. 부부는 같은 곳을 보며 걸어간다.

서로 더 행복해지기 위해 삶에 더 열심을 덧붙인다. 같은 곳을 보고 걸어갈 수 있도록 서로를 더 깊이 사랑하자.

매일 사랑을 표현하고, 감사를 표현하자. "고마워", "사랑해", "미안해"를 잘 말할 수 있는 사람들이 되자. 그래서 표현에 익숙하고 따뜻함이 있는 부부가 되자. 한곳을 바라보며 척하면 척 할 수 있는 감정 교류가 되는 사람들이 되자.

부부 사이에 자존심이 발동하려 할 때 그 마음을 내려놓자. 부부는 서로 자존심을 부리는 대상이 아니다. 같은 방향으로 걸어가는 인생의 동반자다. 같은 방향을 보고 걸어가는 길이 때론 비포장도로일 수도 있다. 때론 비바람이 불고 태풍이 몰아칠 수도 있다.

그럴 때마다 서로 같은 곳으로 걸어가는 인생의 동반자임을 잊지 말자. 비포장도로를 지나면 포장이 잘된 도로가 나타나고, 비바람을 뚫고 나면 맑은 하늘을 만나는 것이 우리의 인생임을 잊지 말자. 나와 함께 걸어가는 내 옆에 있는 배우자를 더 사랑하고 아끼고 위하면서 행복한 삶을 살아가자.

Summary

부부는 인생을 함께 걸어가는 동반자다. 서로 삶의 여정을 동행한다. 그 길을 행복으로 채워 가야 하지 않을까?

결혼식 때 서로를 아끼며 사랑하겠노라 수많은 하객들 앞에서 약속한 서약을 잊지 말자.

두 사람 간의 전우애로 사랑을 더욱더 키워 가자.

그렇게 사랑을 주고받으면서 살아가는 부부가 더 행복한 삶을 살아갈 수 있다.

마치는 글

『위너러브』는 사랑에 대한 이야기를 담았다. 이 땅을 살아가는 수많은 부부들이 서로 진심으로 사랑함에도 불구하고 그 마음을 잘 표현하지 못하고 충분히 행복하게 살아가지 못하는 것을 자주 보았다. 그래서 행복한 부부 생활을 하고 있는 내 삶을 공유함으로써 조금 더 행복한 부부 생활을 누려 가셨으면 하는 바람으로 이 책을 집필했다.

부부는 사랑이다. 부부는 함께 행복을 만들어 가는 사람들이다. 때론 아프고, 때론 힘든 시간들을 함께 보내지만 결국엔 사랑으로 모든 걸 극복할 수 있는 감사함이 있는 관계다. 종종 시쳇말로 남편(아내)를 웬수로 지칭하는 분들을 가끔 본다.

말에 힘이 있는데 그런 말을 하시는 분들을 보면 안타깝다. 남편(아내)은 보물이다. 웬수가 아니다. 단어 설정을 바꿔 보자. 보물을 싫어하는 사람은 없지 않은가? 지금부터 배우자를 보물로 생각하자. 그리고 소중히 다뤄 주자.

소중히 여기는 마음만큼 부부의 사랑도 깊어지는 걸 경험하게 될 것이다. 소중한 걸 함부로 대하는 사람은 없다. 이제 부부 사이에도 그 소중함을 갖고 오자. 그래서 남편(아내)을 더 사랑하고 소중히 대해 보자.

내가 한발 더 양보하고, 내가 한발 더 다가서면 상대방도 내 마음을 알아보고 더 나를 사랑해 주는 걸 경험하게 될 것이다. 먼저 받으려 하지 말고 먼저 주자. 사랑 표현에 인색하다 말하지 말고 먼저 "사랑해"라고 말해 보자.

그렇게 사랑 표현에 익숙한 부부가 되어 갈 때 두 사람의 관계가 깊어지고 나아가 행복한 부부 생활을 영위하게 될 수 있다. 이 땅에 흔들리는 부부들이 많다고 들었다. 『위너러브』를 통해 흔들리는 부부에서 돈독한 부부로 흔들리는 부부에서 굳건한 부부로 변화하길 간절히 소망한다.

부부가 서로 사랑하지 않아서 관계가 멀어지는 것이 아니다. 서로에 대한 오해와 억측 그리고 바쁜 상황과 나쁜 환경이 그렇게 만들었을지 모른다. 이제 그런 불필요한 오해와 상황을 거절하자. 어떤 상황에 있더라도 사랑하고 있음을 표현하자.

그 말 한 마디로 인해 힘들었던 부부관계가 회복되는 마법을 경험하게 될 것이다. 필자도 여러분도 더욱더 행복한 부부 생활을 영위하길 간절히 소망한다. 결국 사랑이라는 것을 깨달아 매일매일 행복하게 살아가는 저와 여러분이 되길 바라 본다.

위너러브

초판 1쇄 발행 2024년 8월 1일

지은이 알파(최지훈)
펴낸이 이기봉
편집 좋은땅 편집팀
펴낸곳 도서출판 좋은땅
주소 서울특별시 마포구 양화로12길 26 지월드빌딩 (서교동 395-7)
전화 02)374-8616~7
팩스 02)374-8614
이메일 gworldbook@naver.com
홈페이지 www.g-world.co.kr

ISBN 979-11-388-3225-0 (03190)